本书系国家社科基金项目"基于信息援助的弱势群体公共信息服务权益发展研究"（项目编号：12CTQ012）研究成果之一并由湖南师范大学政治学省级重点学科资助出版

弱势群体公共信息援助研究

陈　婧　著

知识产权出版社
全国百佳图书出版单位

图书在版编目（CIP）数据

弱势群体公共信息援助研究 / 陈婧 著．—北京：知识产权出版社，2018.12
ISBN 978-7-5130-5892-6

Ⅰ．①弱…　Ⅱ．①陈…　Ⅲ．弱势群体—信息服务　权益保护—研究—中国
Ⅳ．① D632.1

中国版本图书馆 CIP 数据核字（2018）第 229683 号

内容提要

由于自身和社会多方面原因，弱势群体在信息资源占用和信息财富分配中处于弱势地位，无法很好地享受公共信息服务的成果。本研究试图对弱势群体共性层面的公共信息需求与障碍进行深入的分析，在理论层面勾勒弱势群体公共信息服务的框架，厘清弱势群体公共信息服务权益的概念，分析弱势群体公共信息权益发展的必要性及法理基础，阐述弱势群体公共信息服务权益发展的具体目标和基本原则，以此为弱势群体公共信息援助的实践奠定基础。

责任编辑：卢媛媛　　　　**责任印制**：孙婷婷

弱势群体公共信息援助研究

RUOSHI QUNTI GONGGONG XINXI YUANZHU YANJIU

陈　婧　著

出版发行：知识产权出版社有限责任公司	**网　　址**：http：//www.ipph.cn
电　　话：010–82004826	http：//www.laichushu.com
社　　址：北京市海淀区气象路 50 号院	**邮　　编**：100081
责编电话：010–82000860 转 8597	**责编邮箱**：luyuanyuan@cnipr.com
发行电话：010–82000860 转 8101	**发行传真**：010–82000893
印　　刷：北京建宏印刷有限公司	**经　　销**：各大网上书店、新华书店及相关专业书店
开　　本：787mm × 1000mm　1/16	**印　　张**：15
版　　次：2018 年 12 月第 1 版	**印　　次**：2018 年 12 月第 1 次印刷
字　　数：188 千字	**定　　价**：45.00 元

ISBN 978-7-5130-5892-6

序　言

　　"物以类聚、人以群分"，群体是构成人类社会的基本形式。人类社会由众多不同类型的群体组成，不同的群体之间存在着等级差距。有些群体占有着丰富的资源，处于社会结构的上层，生活富裕、享有的社会地位和声望较高，成为优势群体；有些群体占有的社会资源则异常贫乏，生活贫困、享有的社会地位和声望较低，处于社会结构的底层，成为相对弱势的群体。自第九届全国人大五次会议审议通过的《政府工作报告》中提及弱势群体以来，弱势群体问题逐渐成为社会关注的热点问题。弱势群体目前在人口中所占的比重较大，他们的生存和发展关系着政治的稳定、经济的繁荣和社会的可持续发展，因此弱势群体的权利和利益不容忽视。

　　20 世纪 90 年代以来，电脑成为智能化的生产工具，信息成为新的生产资源的代表。信息对经济、社会的发展及生产生活的影响越来越大，这使人们对信息的需求和渴望越来越迫切。但是，我国信息化建设水平与发达国家的差距还很明显，信息基础设施还不完善，信息方面的法律、法规建设还处于起步阶段，各地区间和群体间的信息化发展程度也极不平衡。不同的人"闻道有先后，术业有专攻"，那些长期受到专业训练的专业人士和普通劳动者所拥有的信息量存在差别，精英阶层和弱势群体接触到的信息量存在差别，先进的发达国家和落后的发展中国家在信息基础设施的建设程度及信息资源占有量方面存在差别。信息鸿沟问题广泛分布于信息社会，存在于发达国家与发展中国家之间、城乡之间、不同阶层的人群之间。信息鸿沟的主要负面影响是加剧了信息的贫富分化，导致了信息不公平和信息贫困问题。

对于弱势群体而言，信息不公平和信息贫困的现象尤为突出。弱势群体受到生活环境、教育程度、信息技术素质的制约，不但在经济方面处于劣势，而且在信息领域也处于劣势。弱势群体的收入水平较低，在信息产品方面的消费缺乏；加之他们缺乏文化知识，信息闭塞，获取、理解和利用信息的能力十分薄弱，从而不可避免地成为了信息弱势群体的一员。经济贫困、知识缺乏、信息弱势的缺陷将给弱势群体信息权益的保障和发展带来困难，并导致弱势群体其他利益的获取和表达也随之被削弱。联合国人权委员会认为"信息是人的基本权利之一"。提供全方位、专业化的公共信息服务能有效地满足人们日益增长的信息需求，促进信息公平，缓解信息贫困，保障公民的信息权利。但弱势群体的存在给我国的公共信息服务带来了一系列的挑战。如何保护弱势群体的公共信息权益，如何使弱势群体公平地享受信息服务是亟须解决的问题。

针对传统公共信息服务中缺乏对弱势群体特殊照顾的问题，可引入信息援助的方法。信息援助一方面有助于弥补弱势群体信息素质的先天不足，调动弱势群体融入信息社会的积极性，活化信息阶层的结构性流动，最终形成缩小信息鸿沟的合力。另一方面可以推动信息公平，促进社会平等。作为解决弱势群体信息贫困问题的一种途径，信息援助旨在追求信息权利的平等，改变其信息劣势的地位，将信息融入他们的生产、生活中，提升整个群体的竞争力，所以引入信息援助的方法来维护和发展弱势群体的公共信息服务权益显得十分必要且紧迫。

在公共信息服务方面，由于弱势群体自身和社会多方面原因，弱势群体在信息资源占有和信息财富分配中处于弱势地位，无法很好地享受公共信息服务的成果，这种不平等与不公正，违背了科学发展观和构建和谐社会的理念。联合国人权委员会规定："信息是人的基本权利之一。"当弱势群体在信息生活中被边缘化的时候，信息权利也无形中遭到了侵害。从这个意义上来说，弱势群体信息援助是人权保护的延伸，是提高弱势群体生存状态和社会地位的重要举措。因此对弱势群体而言，信息援助的研究也方便他们获取公共信息，有利于提高他们的信息素养和知识水平、保障和发展他们的信息权益，有助于弱势群体实现包括信息权利在内的整体权利。弱势群体公共信息援助的研究，对于社会发展而言，有利于实现公共信息资源的全面共享，促进社会公平公正、建设和谐社会。对于信息经济而言，弱势群体公共信息援助的研究，有利于提高信息技术的普及率、缩小信息差距、弥补信息鸿沟、保障信息公平，推动信息服务业和信息经济的快速发展，促进信息战略的落实，推进信息社会的全面发展。

总之，弱势群体信息援助能够促进信息技术和知识的推广，缩小"信息鸿沟"和"社会分化"，对加快我国社会信息化进程和实现国家信息化战略意义重大。信息援助使政府的政策、方针、规章等信息迅速传播，促进行政事务透明化，让信息公开制度落到实处，保证公共信息服务便民，有利于建立行为规范、运转协调、公正透明、廉洁高效的公共服务体系。

目　录

第1章　弱势群体的特点分析

弱势群体是个历史范畴的概念，可追溯到古代社会，但弱势群体这个概念并不是自古就有。在原始社会，人人平等，并不存在弱势群体的说法。到了阶级社会，随着财富分配和权力占有的不平等，社会开始分层，社会强势群体和弱势群体逐步被分化出来，弱势群体是相对于强势群体而言的。不过弱势群体的范围和组成人群并不是一成不变的，弱势群体的标签也不是终生制的。在社会文化、政治经济的综合影响下，在某一方面表现为"非弱势"的人群可能在另一方面处于弱势地位，弱势人群随着自身的发展与提升也有可能变成非弱势群体的成员，它是一个动态的概念。

1.1　弱势群体的概念与类型

《荀子·王制篇》中讲道："人，力不若牛，走不若马，而牛马为用，何也？曰：人能群，彼不能群也。"同时，《荀子·富国篇》中也提及："人之生也，不能无群。"

从这些论述中可以发现，"人以群居"是人类社会的一种基本形式，群体组成了人类社会最基本的单元。

1.1.1　弱势群体的定义及研究视角

国外弱势群体的概念起源于美国贝尔蒙特 1979 年的报告，该报告在伦理思想研究中扮演着重要的角色，也使人们开始对这些边缘群体进行关注，弱势群体概念的使用频率也在增加，使用范围也不断扩大。[1] 对"弱势群体"概念的认识正处于逐渐深化的阶段，尚未形成统一的界定标准。不同的学者分别从不同层面、不同学科的角度对弱势群体的概念进行定义。关于弱势群体的定义有几种理论视角，如图 1.1 所示。

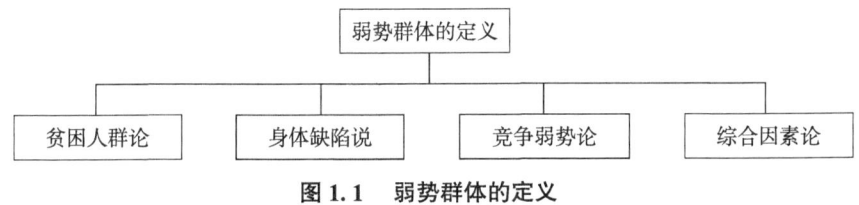

图 1.1　弱势群体的定义

一是贫困人群论。一些学者认为从经济学的角度来看，弱势群体就是那些生活条件达不到社会一般标准，甚至需要国家救济或者社会帮扶的群体。例如，Knoll 认为："弱势群体即社会经济地位低下、教育程度较低的群体。"[2] 陈成文提到："社会弱者是一个在社会性资源分配上具有经济利益的贫困性、生活质量

---

[1] Ten H H. Respect for human vulnerability: the emergence of a new principle in bioethics[J]. Journal of Bioethical Inquiry, 2015, 12(3)：395-408.

[2] Knoll M, Soller L, Benshoshan M, et al. The use of incentives in vulnerable populations for a telephone survey: a randomized controlled trial [J]. Bmc Res Notes , 2012, 5(1)：572.

的低层次性和承受力的脆弱性的特殊社会群体。"❶ 郑杭生、李迎生指出："弱势群体是指那些依靠自身的力量或能力无法保持个人及其家庭成员最基本的生活水准、需要国家和社会给予支持和帮助的社会群体。"❷ 该理论视角主要从资源配置的角度出发，将弱势群体定义为贫困人群，突出了该群体的经济困难、生活贫困方面的特征，单纯以经济尺度作为衡量标准，忽视了政治、社会等其他因素的影响。

　　二是身体缺陷说。美国社会工作专家吉特曼和舒尔曼（Gitterman & Shulman, 1994）认为："弱势群体是那些被他们无力控制的环境和事件压倒的人，主要是儿童、孤儿、老年人、残障人士、精神病人、长期病患者。"Dong 等认为弱势群体指资源有限且发病率和过早死亡率的风险相对较高的社会群体 ❸，包括儿童、老年人、少数民族、流离失所的人群、患有慢性疾病的人及残障人士。❹ 钱再见则认为："弱势群体是由于一部分社会成员自身的某种原因（竞争失败、失业、年老体弱、残障等）而造成对于现实社会的不适应，并出现生活障碍和生活困难的人群共同体。"❺ 身体缺陷说侧重于将弱势群体的不利因素归因于身体方面的原因，有一定的局限性。

　　三是竞争弱势论，从弱势群体社会竞争力欠缺的原因来定义。弱势群体被

❶　陈成文 . 社会学视野中的社会弱者 [J]. 湖南师范大学社会科学学报，1999(2)：12-16.

❷　郑杭生，李迎生 . 全面建设小康社会与弱势群体的社会救助 [J]. 中国人民大学学报，2003(1)：2-8.

❸　Dong X, Liu L, Cao S, et al. Focus on vulnerable populations and promoting equity in health service utilization—an analysis of visitor characteristics and service utilization of the Chinese community health service [J]. BMC Public Health, 2014, 14 (1)：1-8.

❹　Mannan H, Eltayeb S, Maclachlan M. Core concepts of human rights and inclusion of vulnerable groups in the mental health policies of Malawi, Namibia, and Sudan[J]. International Journal of Mental Health Systems, 2013 , 7 (1)：1-13.

❺　钱再见 . 中国社会弱势群体及其社会支持政策 [J]. 江海学刊，2002(3)：97-103.

定义为社会、文化或经济上的弱势群体，弱势群体意味着个人、环境或社会限制他们的参与机会（A. Sydor，2013）。❶著名学者沈立人认为："弱势群体是指社会上的部分人，由于先天或后天的条件制约，缺乏较强的竞争力，不能或只能很少地占有社会资源，因此只能获得甚至不能获得较好的社会职业，使其收入分配较少或很少，只能过着水平较低的、主要是维持生存的生活，同时缺乏抵抗种种风险的能力，也缺乏依靠自己努力来改善其境遇的可能性，并在政治上、文化上和心理上都处于社会边缘。"❷舒曼（2016）认为弱势群体在经济、文化上处于劣势，在心理上还未得到真正成长。❸他同时指出弱势群体普遍具有较强的自卑感，被动地接受社会强加的符号或标签。❹王思斌认为："弱势群体是在遇到社会问题的冲击时自身缺乏应变能力而易于遭受挫折的群体。"❺竞争弱势论把弱势群体的形成放置于一个"物竞天择、适者生存"的优胜劣汰法则的分析框架下，认为弱势群体的形成主要是因为该群体自身竞争能力不足导致的，看到了一些关键因素，但这些观点带有一定的主观偏见性，因为在多数情况下，形成弱势群体的根本原因并不是由该群体的主观能动性差所导致的竞争能力不足，竞争能力不足并不是弱势群体的显著特征。

四是综合因素论。例如，M. Rothenbühler（2016）将弱势群体定义为社会经济地位较低的社会群体，他们教育程度较低或健康状况不佳。这些特征表明

❶ Sydor A. Conducting research into hidden or hard-to-reach populations [J]. Nurse Res, 2013, 20(3)：33-37.
❷ 沈立人. 中国弱势群体 [M]. 北京：民主与建设出版社，2005.
❸ 舒曼. 网络语境下弱势群体信息表达及疏导策略 [J]. 新闻界，2016（09）：36-42.
❹ 舒曼. 信息表达之流变——从社会心理学视野看弱势群体的信息表达与引导 [J]. 新闻界，2016（17）：31-35.
❺ 王思斌. 社会工作导论 [M]. 北京：北京大学出版社，1998.

他们资源短缺，处于一个高风险的环境中，具有潜在的脆弱性。[1] 李昊青（2016）认为弱势群体通常是指在社会实践活动中其智能、生理及权能等方面处于相对不利地位或随时陷入贫困、失业、边缘化状态的人群。[2] 崔凤、张海东认为："弱势群体的弱势既是经济意义上的，也是社会意义上的，更是政治意义上的，指那些劳动能力和就业能力低下，资源缺乏（就业信息、社会关系等），身处困境（经济、社会、政治）之中的人群。"[3] 孙迪亮指出："弱势群体是指由于某些障碍及缺乏经济、政治、社会机会而被排除在社会经济发展进程之外，而不能充分分享受到社会经济发展的成果，在社会上处于不利地位的人群。"[4] 周良沱、章剑认为："弱势群体在社会中处于低位界，在政治、经济与文化上都处于劣势和缺乏影响力，对未来的把握能力较低。"[5] 张敏杰提及："弱势群体指由于自然、经济、社会和文化方面的低下状态而难以像正常人那样去化解社会问题造成的压力，导致其陷入困境、处于不利社会地位的人群或阶层。"[6] 相比较而言，综合因素论从社会、经济、政治、文化等多个角度来定义弱势群体，因此，能较为全面地概括弱势群体的定义。

　　本研究综合以上观点，认为弱势群体是指："由于自身或环境的原因，在社会竞争中处于不利地位，政治、经济与文化方面都处于劣势的人群或阶层。"

[1] Rothenbühler M, Voorpostel M. Attrition in the Swiss Household Panel: Are Vulnerable Groups more Affected than Others? [J] Springer International Publishing , 2016, 221-242

[2] 李昊青 . 图书馆保障弱势群体阅读权益的对策研究 [J]. 图书馆建设，2016(04)：16-21.

[3] 崔凤，张海东 . 社会分化过程中的弱势群体及其政策选择 [J]. 吉林大学社会科学学报，2003(3)：65-71.

[4] 孙迪亮 . 社会转型期城市弱势群体的特征、成因及扶助 [J]. 理论研究，2003(1)：41-43.

[5] 周良沱、章剑 . 论社会弱势群体与社会稳定 [J]. 江西公安专科学校学报，2001(1)：5-9.

[6] 张敏杰 . 社会经济发展中的弱势群体及其社会支持 [J]. 浙江学刊，2003(3)：126-131.

1.1.2 弱势群体的类型

弱势群体是一个集合层面的概念，有很多种子类型，按照不同的分类标准有不同的分类方式。回顾已有研究成果，有的研究者依据社会分层理论将弱势群体划分为传统的社会中下层和新出现的特殊群体；有的研究者按照弱势群体形成的主观原因和客观原因分析，将弱势群体划分为内生型弱势群体和外生型弱势群体；有的研究者按照弱势群体组成对象的描述将弱势群体划分为下岗职工、"体制外"的人、进城的农民工、较早退休的"体制内"人员；有的研究者根据我国城乡分割的二元制特点，将弱势群体划分为城乡弱势群体。

本研究在总结前人的基础上将弱势群体分为以下几种类型：① 生理性弱势群体。这类群体由于年老体衰、身心残障等原因，缺乏劳动能力或无收入来源而沦为弱势群体，如老年人、残障人士等，这一类人生理和心理方面或多或少存在障碍，他们单靠自己很难摆脱弱势地位。② 地理环境性弱势群体。这类群体由于地理位置、自然状况、环境因素等造成的交通不畅通、资源匮乏，不方便获取所需，如偏远山区的农民、受自然灾害侵害的难民、服刑中的犯人等。③ 经济性弱势群体。这类群体是指由于社会结构性调整或自身的特殊经历等因素造成的，在就业、工作、生产和生活中长期处于不利状况的低收入群体，其中包括城市企业改制下岗未再就业或再就业困难的工人；收入不稳定的农村进城务工人员和因城镇拆迁被征占自有土地而产生的"三无"农民群体；无依无靠的鳏、寡、孤、独者等，由于失业、待岗而陷入贫困的人群，他们经济基础薄弱，占有的资源较少，在竞争中不具有优势。

1.1.3 弱势群体的相关概念及其关系辨析

信息弱势群体是弱势群体的相关概念，信息弱势群体的概念是在"信息"和"弱势群体"概念的基础上发展而来的。随着数字鸿沟现象的日益加剧，信息弱势群体引发了社会广泛关注。在传统社会中，信息没有成为社会、政治、经济、文化的核心要素，信息量占有的多少并不直接决定人们的社会地位和经济状况，信息弱势的影响不是很明显。但是进入信息社会后，信息成为人们必不可少的资源，信息量占有的多少直接导致其所处社会阶层的位置。大量占有信息、善于利用信息的群体处于明显的优势地位，反之无法获得信息的群体就不得不处于弱势地位。

信息弱势群体属于特定的一种弱势群体类型，信息科学的学者侧重于从信息获取与利用能力欠缺的人群的角度来定义信息弱势群体。李冬梅指出："信息弱势群体是信息咨询服务利用上的弱势人群，是由于占有和利用信息资源的两极分化现象，使得那些知识和文化的贫乏者成为资讯时代的新文盲，并最终沦落为信息咨询利用中新的弱势群体。"❶詹晓阳提出信息弱势群体是指："因主观和客观能力限制在获得和利用信息技术（包括传统信息技术和现代信息技术）及信息服务方面处于劣势的群体和个人。"❷周华姣认为："信息弱势群体，是指在使用信息设备、利用信息资源、享受信息服务，以及在信息资源的配置与利用上处于劣势的群体。"❸石德万（2010）认为信息弱势群体是指在使用信息设备、利用信息资源、享受信息服务等方面处于劣势，难以靠自身表述、查找、

---

❶ 李冬梅 . 资讯服务与人文精神 [J]. 图书馆建设，2002(6)：17-21.

❷ 詹晓阳 . 基层政府面向信息弱势群体的公共服务研究 [D]. 武汉：武汉大学，2010.

❸ 周华姣 . 信息弱势群体的形成原因及解决对策——从信息公平的角度来看 [J]. 河南图书馆学刊，2007(8)：68-70.

获取、占有所需信息的群体。❶ 常文英，刘冰（2011）认为信息弱势群体是指由于经济、技术或社会地位等方面原因而被排斥在以数字网络资源为代表的现代信息资源之外，在信息资源获取和利用中处于劣势的社会群体。❷ 信息弱势群体也称为信息贫乏者、信息贫困者、信息贫困人群，是指在当代社会信息化发展过程中，由于信息分化的作用而在我们的社会中凸显出来的一种在信息拥有与利用方面处于明显劣势地位的信息贫困人群（井西晓，2013）❸。由于生理原因、受教育程度和经济收入的差别，在社会中总有一些人无法拥有或者不会使用信息设备，从而导致他们在获取和利用电子公共服务方面陷入困境，成为"信息弱势群体"（李传军，2014）❹。信息弱势群体是指由于生理、经济及信息素养方面的问题而造成获取信息障碍的群体或个人（徐芳，陈婧，2014）❺。信息弱势群体是指由于身体状况、技术、社会地位、所处环境、经济基础、文化水平、年龄等原因在获取和利用信息资源中处于弱势或劣势的社会群体。❻ 信息弱势群体包括获取信息、利用信息服务及 IT 基础设施等方面处于劣势的个人及社会群体 ❼，信息弱势群体也包括在利用信息资源、采用信息设备、享有信息服务及信息资源的配置与利用等方面受到的不平等的待遇，处于劣势状态的弱势群体。❽

❶ 石德万，李军，贺梅萍 . 论信息弱势群体知识援助的职业化 [J]. 图书馆建设，2010(02)：97-100.

❷ 常文英，刘冰 . 网络环境中信息弱势群体信息援助模式与策略研究 [J]. 情报杂志，2011，30(5)：152-155.

❸ 井西晓 . 公平视角下我国信息弱势群体信息能力研究 [J]. 科技管理研究，2013，33(13)：209-213.

❹ 李传军，马凯 . 电子公共服务中的信息弱势群体问题研究 [J]. 电子政务，2014(12)：53-60.

❺ 徐芳，陈婧 . 面向信息弱势群体的公共图书馆信息援助模式构建 [J]. 图书馆，2014(02)：135-137.

❻ 龚慧 . 农民工信息行为模型研究 [D]. 广州：华南农业大学，2012：32-33.

❼ 李德娟 . 信息弱势、信息援助与城市农民工社会融入 [J]. 图书馆建设，2012，35(12)：13-16.

❽ 井西晓 . 公平视角下我国信息弱势群体信息能力研究 [J]. 科技管理研究，2013，26(13)：209-213.

对弱势群体与信息弱势群体关系问题的分析，学术界有等同说、区别说、包含说、交叉说四种观点：

等同说：持此种观点的学者将弱势群体与信息弱势群体等同，没有进行细致的区分，如石德万（2008）认为一般意义上的弱势群体通常情况下也是信息弱势群体 ❶。周华姣认为在信息社会中，那些庞大的弱势群体往往就是信息贫困者，从而形成信息弱势 ❷。

区别说：持此种观点的学者认为弱势群体与信息弱势群体是两个不同的概念，不能简单地等同。肖花（2017）认为信息弱势群体源自于弱势群体概念，但又不同于弱势群体。其主要是在信息鸿沟环境下，因生理缺陷、经济条件限制、信息素养不高等原因，在了解、获取、有效利用信息资源及信息服务等方面处于弱势地位，无法公平享有信息服务的这一群体。❸

包含说：持此种观点的学者的研究更为深入，将理论的异同辨析得更加细致，定义得更为谨慎。其认为信息弱势群体所涵盖的范围比弱势群体更广，因为信息弱势群体除了包括传统意义上的弱势群体之外，另外还涵盖一些知识匮乏、信息技能低下却较为富裕的高收入群体。这类高收入群体在农业社会和工业社会中是强势群体，但在信息时代却处于相对的弱势，所以从某种程度上来讲信息弱势群体的概念扩大了弱势群体的范围。信息弱势群体不仅包括传统意义上的具有视觉及听觉、认知与行动障碍的人群，而且外延扩大到老年人、非母语、少数民族、特殊群体（被监管人员、留守人员）、文化程度及受教育程

---

❶　石德万．信息技术的发展对信息弱势群体信息行为的影响 [J]. 图书情报工作，2008，52(11)：75-77.

❷　周华姣．从信息公平的角度来看信息弱势群体 [J]. 河南图书馆学刊，2007(4)：68.

❸　肖花．基于图书馆服务功能视角的信息弱势群体应急信息服务途径探究 [J]. 图书馆理论与实践，2017(6)：78-81.

度低的人群、计算机初学者及不会者（巩莹莹，2016）❶。石德万把信息弱势群体分为三大类：①生理性信息弱势群体。是指由自然和个人因素造成的那些在社会生活中比较脆弱和易受伤害的群体，包括丧失劳动力或无劳动能力及依赖性人群，如儿童、老年人、孤儿、残障者、病人等。②经济性信息弱势群体。是指由于地区发展不平衡和结构性因素造成的那些在就业和社会生活中长期处于不利境况的群体，包括所有低下阶层、边缘化群体等，如贫困地区的农民、城市下岗工人等。③新的信息弱势群体。是指在信息社会中由于信息技术发展因素造成的那些不懂计算机知识和技能，不能平等地获取网络信息的群体。这一群体包括一部分身体健康、经济富有但不懂计算机知识和技能的人群。❷因此，从逻辑学的角度分析，"包含说"理论认为信息弱势群体是上位类概念——属概念，而弱势群体是下位类概念——种概念，信息弱势群体包含弱势群体的概念。

　　交叉说：持此种观点的学者认为弱势群体和信息弱势群体存在交叉关系。因为信息弱势群体主要包括残障人士、老年人、女性、农村居民、低文化和低收入者。这些人本来就属于社会中的弱势群体，而随着信息时代的到来，他们身上又增加了信息贫乏的新弱项。按照"交叉感染效应"的规律，信息贫乏的弱项必然会使得这些社会弱者的其他弱项更弱，进而成为社会的底层人群。❸

　　由于公共信息服务的对象较为广泛和全面，无论是弱势群体还是信息弱势

❶　巩莹莹，韩佳杉，展望等.基于信息援助的信息弱势群体公共信息服务平台研究[J].现代情报，2016，36(4)：37-43.

❷　石德万.信息技术的发展对信息弱势群体信息行为的影响[J].图书情报工作，2008，52(11)：75-77.

❸　谢俊贵，周启瑞.我国信息弱势群体的人口特征分析——基于湖南信息分化调查及相关资料[J].怀化学院学报，2007(4)：9-13.

群体都属于公共信息服务的对象，都需要信息援助，所以本研究没有将弱势群体与信息弱势群体严格区分开来，面向所有类型的弱势群体。

1.2　弱势群体的特点

弱势群体由一群具有共同点的人组成，有自身的群体特征，这些特征将弱势群体和其他群体鲜明地区别开来。弱势群体的特点是经济上的贫困、社会地位低、文化程度低和心理上的敏感性和脆弱性，如图 1.2 所示。

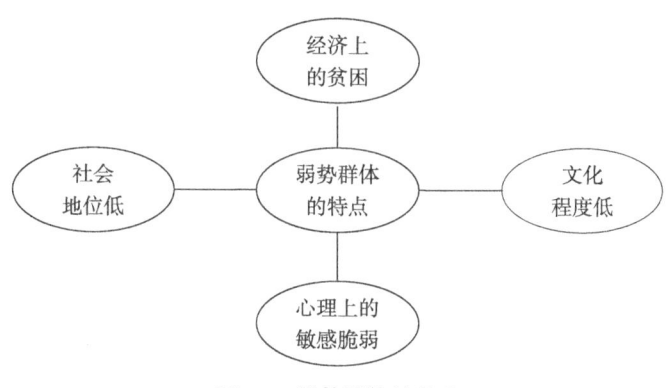

图 1.2　弱势群体的特点

1.2.1　经济贫困

弱势群体最显著的特征就是经济上的贫困。经济上的贫困是由于其占有的社会资源极其有限，多为无职业者或职业不稳定者，所以他们没有固定的收入来源，即使有工作，也大多从事体力劳动等简单工作，收入水平处于社会平均线下或收入分组中的低级、最低级组，甚至在国家制定的贫困线上徘徊。弱势群体个人消费中用于购买基本生活资料的费用占很大比重，主要开支一般用于解决温饱问题，恩格尔系数比较高。弱势群体生活水平低于社会普遍水平，生活质量比较低。有的人甚至除了政府救济就几乎没有其他的创收途径，这使得他们只能一直处于贫困化的状态。

1.2.2　社会地位低

弱势群体往往处于社会的底层，生活状况较差，社会影响力小，社会声望较低。弱势群体对自身合法权益的维护意识也极差，这样一来更加无法保障他们的权利和利益。

一般而言，弱势群体这种社会地位较低的局面很难被改变，因为他们的弱势地位具有延续性。这种延续性包括纵向延续和横向延续。纵向延续是指弱势群体的弱势地位会以数代人的方式延续下去，由于前一代人处于弱势地位，给后代提供的发展基础极其薄弱，后代要摆脱这种"积蓄"的弱势地位存在较大的困难。横向延续是指根据社会阶层互动论的观点，社会阶层互动中参与者倾向于同阶层的互动交流很少或不会越级沟通，处于弱势阶层的个体长期和同级阶层进行沟通交流，使弱势群体具有一定的稳定性。

1.2.3　文化程度低

弱势群体的受教育水平普遍比较低，这是由于经济上的贫困性或生理方面的障碍导致的。弱势群体大多都缺乏获得教育资源的机会，物质基础的薄弱使他们不能完全地融入国民教育体系。再加上弱势群体大多分布在欠发达地区或者城市边缘地带，那里的教育资源匮乏，也造成弱势群体不能获得良好的基础教育。弱势群体大多从事一些简单而繁重的劳动，在工作之余很少有时间再去进行学习和进修。弱势群体处于社会结构的底层，较低的教育水平和文化程度又进一步限制了他们向社会上层流动的机会和能力，拉大了与强势群体之间的差距。

1.2.4　心理上的脆弱性与敏感性

从承受能力看，心理承受能力低是弱势群体一个明显的心理特征，这主要也是由生活困苦所导致的，使他们心理承受能力、经济承受能力和风险承受能力都较差。与其他阶层和利益群体相比，弱势群体往往承受着更多的来自经济、社会和心理方面的压力，他们的心理素质较差、较为敏感和脆弱，缺乏应对、转化风险的能力，抗压能力较弱，常常感受到很强的被剥夺感，是整个社会结构的薄弱环节。

第 2 章　弱势群体共性层面的
公共信息需求与障碍

　　弱势群体之所以构成为群体，是因为他们存在某些共性特点，或者出于某种目的共同参与某些活动，于是产生了一些共性的群体特征。这些共性的因素将单个个体密切联系起来，产生了相互之间的亲近感、团结感等心理共性，并逐步汇集、整合为共同群体，形成群体性舆论、群体性兴趣、群体性需要、群体性价值、群体性规范、群体性目的等。弱势群体是一个总体性的概念，其组成成分复杂，包括不同类型的弱势群体，有自己特定的信息行为规律，但作为一类在共性层面有公共信息需求的群体，他们在公共信息的获取、查询、利用方面也存在不少共性的障碍，而传统的公共信息服务没有很好地发现和解决这些问题，本研究试图对弱势群体共性层面的公共信息需求与障碍进行深入的分析。

2.1　弱势群体共性层面的公共信息需求调查与分析

弱势群体是信息援助工作的重心，是公共信息服务需要重点关注的对象。本研究采用问卷调查和深度访谈的方法，首先设计了弱势群体公共信息需求与行为的综合问卷，对弱势群体共性层面的公共信息需求与障碍进行了较为详细的调查❶。本次调查历时半年,在正式调查之前对弱势群体进行了预调查。根据预调查反馈的结果，调整了问卷的不合理之处，进一步完善了问卷设计，形成了正式问卷的模板，详情见弱势群体公共信息需求与障碍总问卷（原始问卷参见附录），针对弱势群体共性层面的信息需求与障碍，问卷主要涉及四个方面，第一部分为弱势群体的个人及家庭基本情况，通过收入、受教育程度、就业情况等信息来甄别调查对象，判断被访者是否属于弱势群体的范畴。第二部分为弱势群体信息需求情况调查，涉及弱势群体对公共信息的重要性和有用性的判断，弱势群体所需公共信息的类型、信息需求的频率与数量、弱势群体信息需求的影响因素等方面的调查。第三部分为弱势群体信息行为的情况，涉及对弱势群体信息搜寻行为、信息交流行为、信息选择行为、信息利用行为四个方面的调查,试图从总体上了解弱势群体信息行为的一般规律❷。第四部分为弱势群体信息障碍情况调查，试图了解弱势群体普遍存在的信息障碍。在抽样方法上考虑到弱势群体的实际情况，无法采用随机抽样，因此本研究依据非概率抽样，主要使用方便抽样的方法，采用熟人介绍认识的弱势人群的途径，并全部采用入户访问和当面访谈的形式，这样也保证了问卷的回收率。在调查时尽量与被访者充分解释问卷的基本内容，将问卷的问题以被访者能够理解的方式表述，

---

❶　陈婧. 弱势群体公共信息需求与障碍的实证研究 [J]. 图书情报知识，2015(3)：80-87.

❷　陈婧. 弱势群体公共信息需求与障碍的实证研究 [J]. 图书情报知识，2015(3)：80-87.

实时记录被访者的回答。如遇到疑问也当场解答，以降低弱势群体回答问卷的难度。本研究发放调查问卷 220 份，回收问卷 206 份，回收率为 93.6%，其中有效问卷为 187 份，有效问卷占回收问卷的 90.8%，被调查对象的基本情况如表 2.1 所示。从调查结果可以看出，被调查者主要集中于 40 岁以上、65 岁以下，女性比例稍高于男性，文化水平处于初中及以下的比例较高，个人收入大部分处于月收入 2000 以下的水平，收入不稳定者比例较高，多数情况下支出大于收入，以上情况符合弱势群体的特征。

表 2.1 调查对象的基本情况

基本特征		频数	百分比（%）	基本特征		频数	百分比（%）
年龄	≤20 岁	1	0.53	性别	男	81	43.3
	21~40 岁	53	28.34		女	106	56.7
	41~64 岁	105	56.15	个人收入	500 元以下	35	18.7
	≥65 岁	28	14.97		501~1000 元	70	37.4
文化程度	不识字或仅能够阅读	19	10.2		1001~1500 元	37	19.8
	初小	45	24.1		1501~2000 元	39	20.9
	高小	13	6.95		2000 元以上	6	3.2
	初中	70	37.4	收入来源	在家务农	46	24.6
	职业高中	10	5.3		外出打工	89	47.6
	普高	16	8.6		做小生意	14	7.49
	中专、中技	6	3.2		社会救济	22	11.8
	电大、函大、职大、夜大、成人高考	1	0.53		其他	28	14.97
	大专	5	2.67	收入稳定性	收入稳定	59	31.6
	本科	0	0		收入不稳定	128	68.4
	研究生教育	0	0	收支情况	收大于支	22	11.8
	私塾	1	0.53		支大于收	93	49.7
	其他	1	0.53		收支均衡	72	38.5

在调查完弱势群体的基本情况后，要充分了解弱势群体信息需求的特点，这样公共信息服务才更有针对性，才能起到事半功倍的效果。调查弱势群体信息需求是提高信息援助质量的基础和前提条件。人们对信息的需求很大程度上与所从事的生产生活的内容及复杂程度有关。Ingwerse（2005）认为："信息需求就是用户受到限制的知识体系的空缺。"库尔梭（Kuhlthau，1991）指出用户对"问题或主题的知识"与"必须解决问题所需要的知识"两者之间所产生的不足就是信息需求 ❶。Charles Atkin（1973）提到："当个体感到周围环境与期望达到的标准状态有差异时就会产生信息需求 ❷。"

2.1.1　弱势群体公共信息需求类型归纳

随着信息时代的来临，社会环境中充斥着形形色色的信息，在信息爆炸的冲击下，弱势群体被迫进行适应性调整。与其他时代相比，弱势群体在信息时代为了实现自身的社会化，基于生产和生活的需要，对公共信息需求的渴望程度明显增强。弱势群体信息需求的范围和类别有较大的扩展和延伸。弱势群体在社会生活中扮演不同的社会角色，有自己独特的生存环境与个人经历，这些都决定了弱势群体需要多样化的公共信息。弱势群体的公共信息需求按照不同的分类标准可以被划分为不同的类型，如图 2.1 所示。

---

❶ Kuhlthau, Carol C. Inside the Search Process: Information Seeking from the User s Perspective [J]. Journal of the American Society for Information Science, 1991, 42(5) : 361-371.

❷ Atkin, C K. Instrumental utilities and information seeking, New models for mass communication research[M]. Oxford, England: Sage, 1973.

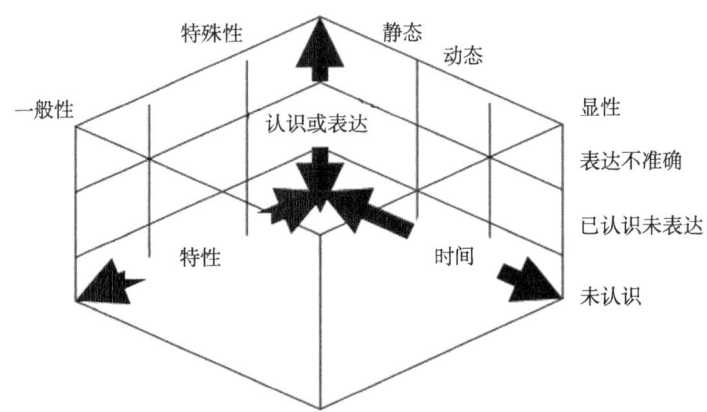

图 2.1　弱势群体公共信息需求的主要类型

　　按照公共信息需求的普遍性与一般性原则，弱势群体的公共信息需求可归纳为一般性的公共信息需求和特殊性的公共信息需求两种类型。一般性的公共信息需求是指能解决弱势群体日常生活和生产问题的基本信息需求，以及能够协助他们适应社会环境变化所需的政治、文化等信息需求。弱势群体在地域分布上呈现出广泛性、交叉性等特点，并在社会生活中扮演着各种各样的职位角色。在满足日常生活信息需要的基础上，弱势群体也会花费部分时间和精力关注特殊信息，因此弱势群体的信息需求呈现出符合自己职业领域或者兴趣爱好的特性。特殊性信息需求是指弱势群体根据自身职业、职务特点或者自身的兴趣爱好而产生的个性化的公共信息需求❶。

　　按照弱势群体公共信息需求随着时间变化的规律，可归纳为动态需求和静态需求，静态和动态具有相对性，不是绝对意义上的，静态需求和动态需求之间可以相互转化。静态的公共信息需求具有相对稳定性，很长的时间段内弱势

---

❶　陈婧. 弱势群体公共信息需求与障碍的实证研究 [J]. 图书情报知识，2015(3)：80-87.

群体都需要某类型的公共信息，短期内不随时间变化而改变。动态的公共信息需求与弱势群体某一阶段的短期需要相对应，获得相关公共信息是为了解决当时的具体问题，经常随弱势群体所处的环境变化而调整。在不同的时期，随着弱势群体信息经历的积累和信息技能的提高，他们动态的公共信息需求也会与日俱增。本研究调查中 79.7% 的被访者认为："目前所需要的公共信息要比前几年多些。" ❶

　　按照公共信息需求被认知和被表述的状态，弱势群体的公共信息需求可分为显性的公共信息需求（或者称为充分表达出来的公共信息需求）、表达不准确或者不充分的公共信息需求、已认识但未表达的公共信息需求和未认识（潜在）的公共信息需求这四种形式。显性的公共信息需求已经被弱势群体充分认识，并且可以通过语言、行为等方式，将需求准确无误地表达出来，展示在公共信息服务者面前，此种需求往往是弱势群体熟悉的或者是迫切需要解决的各种问题。另外存在一种情况，弱势群体已经认识到某些公共信息需求，但由于主观因素和客观环境，如性格内向、时机不成熟等种种原因没有将这些公共信息需求表达出来。信息需求的表达主要与弱势群体的认知状况和理解能力密切相关。认知能力强的人具有敏锐的观察能力、良好的记忆力和丰富的想象力，因而理解、分析、表达能力也越强，对信息的认识越清晰，公共信息需求的表达就越准确。本研究调查发现，44.9% 的被访者遇到过"不知道自己需要什么公共信息"的情况，可见弱势群体对自身公共信息需求方向的定位并不准确 ❷。究其原因是因为信息需求虽是一种客观存在的状态，但与用户的认知状态密切相关，并不是所有的信息需求都能被用户所认识或者表达。在多数情形下弱势群体未

---

❶　陈婧. 弱势群体公共信息需求与障碍的实证研究 [J]. 图书情报知识，2015(3)：80-87.

❷　陈婧. 弱势群体公共信息需求与障碍的实证研究 [J]. 图书情报知识，2015(3)：80-87.

能察觉自身的公共信息需求，其需求以潜在的公共信息需求的形式出现。潜在信息需求属于潜意识的一种，对文化知识、信息技能欠缺，表达能力、理解能力较低的弱势群体来说，潜在的公共信息需求比显性需求要多得多，表达出来的或者被他们认识到的只不过是冰山一角。不过弱势群体的公共信息需求不是一成不变的，可以动态地转化。如果能够通过信息搜寻或者信息交流来丰富弱势群体的信息储备量或者通过优化知识结构去增强他们的理解能力和表达能力，甚至通过突发灵感的刺激，很有可能弱势群体潜在信息需求能够被激发、被认识和被表达，就有可能转化为显性的公共信息需求；反之，如果潜在的公共信息需求不能够被有效地激发和认识，则有可能继续保持这种"沉默冰山"的状态。

2.1.2　弱势群体公共信息需求的共同特点

弱势群体中个人的公共信息需求虽然有所不同，但作为一个特定群体，其公共信息需求也存在一些共性特点，这些特点体现了弱势群体公共信息需求区别于其他群体的独特性。弱势群体公共信息需求主要呈现出以下特点。

第一，公共信息需求的源动力不足。随着信息经济的快速发展，信息所带来的竞争优势越来越突出，人们也意识到掌握及时有效的信息将对生产生活起到巨大的推动作用。因此，弱势群体对公共信息的整体需求与过去相比有明显增强的趋势。但对于大多数弱势人群而言，他们还未充分体会到信息的巨大价值。弱势群体的信息意识仍然有待加强。从公共信息需求的频率来说，调查结果发现经常需要公共信息的被访者占16%，偶尔需要公共信息的被访者占73.3%，从不需要公共信息的被访者占10.7%。很多人认为自己不需要信息或者用得不多，很少主动地尝试获取公共信息，对公共信息的需求量仍然偏低。对公共信息的需求量非常大的被访者占 1.10%，对公共信息的需求量比较大的被访者占 13.30%，对公共信息的需求量一般的被访者占 36.40%，对公共信息的需求量比较少的被访者占 29.40%，对公共信息的需求量很少的被访者占 18.20%，不需要公共信息的被访者比例占 1.60%，如图 2.2 所示。

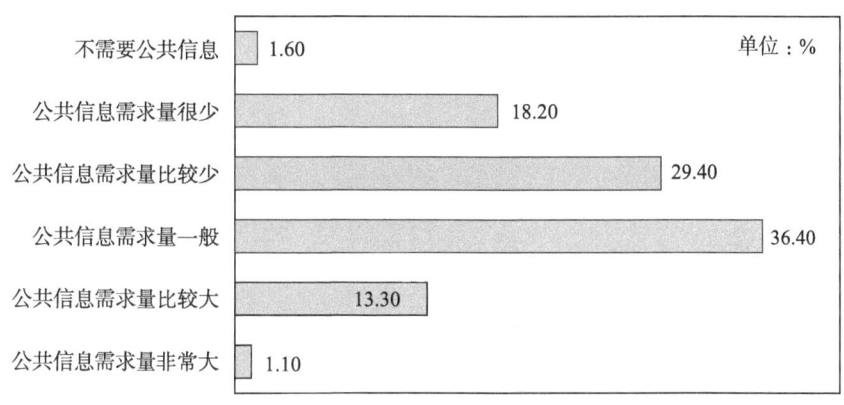

图 2.2 弱势群体公共信息需求调查

有些被访者觉得公共信息与自己的相关性不强，弱势群体的公共信息需求具有偶发性的特点，公共信息需求源动力不足是造成弱势群体信息匮乏的主要原因。一旦遇到挫折就会放弃信息寻求。在公共信息服务中，可以对弱势群体加以激励，让他们充分体会公共信息的价值，增强信息获取利用的源动力。

第二，公共信息需求内容侧重实用性。某些社会群体可能会由于受到兴趣爱好或者好奇心、求知欲的驱使，产生公共信息需求，但弱势群体很少这样。由于自身经济条件和社会地位的制约，弱势群体更加看重公共信息需求内容的实用性，他们倾向于花最少的时间和精力来获取更为实用的信息，避免挤占其用于从事能直接获得物质收益活动的时间和精力。弱势群体所需要的公共信息，往往是为了满足其生存需要或发展需要，比如他们需要这些信息解决日常生活、生产方面的问题，或者帮助他们获得经济收益和改善生活环境。弱势群体评判公共信息最有用的标准为：能解决问题、带来便捷的被访者占 69.52%；能获取知识、提高自身能力的被访者占 3.74%；能满足休闲、娱乐、消遣的被访者占 2.67%；能获得经济收益的被访者占 15.5%；能改善自己的生活环境的被访者占 8.02%；其他占 0.53%。竟然没有一个被访者将"能提高自身社会地位"作为评判公共信息最有用的标准，如图 2.3 所示。一旦弱势群体发现某些公共信息与自身关联性不大，他们就会立马放弃，终止公共信息获取行为。

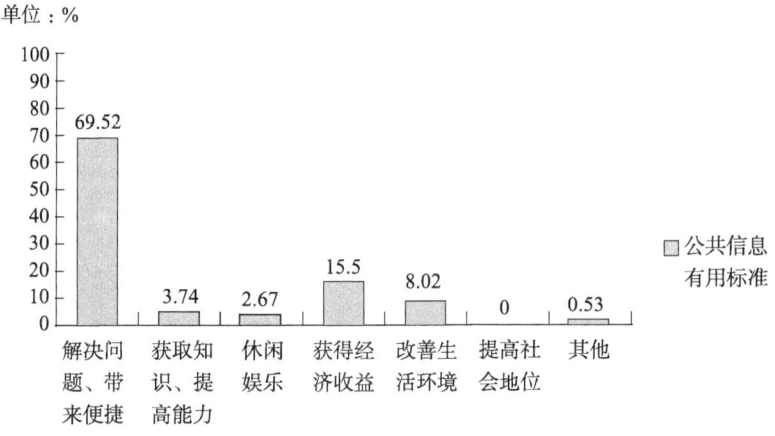

图 2.3　弱势群体公共信息有用标准调查

第三，公共信息需求的目的性不强。由于弱势群体对公共信息需求的源动力不足，获取、利用公共信息缺乏主观能动性，往往弱势群体的知识处于欠缺状态，无法准确地确定其公共信息需求的主题和范围。受信息素质和知识水平低的影响，弱势群体经常无法准确、完整地表达自己的公共信息需求，甚至尚未意识到自己的关键信息需要，造成弱势群体的信息需求经常出现错位和断层，严重影响公共信息服务的效果。在公共信息服务中，可以对弱势群体加以引导，以避免信息需求无计划性所产生的认知偏差和其他干扰因素。

第四，公共信息需求的低层次性。韦尔借用马斯洛的需求层次结构来描述人们的信息需求，绘制了一幅信息需求等级图，如图 2.4 所示❶。他提出只有在一个层次的信息需求得到满足之后，人们才会去尝试获取更高层次的信息。如果将这五种需求由低层次到高层次排列，弱势群体的公共信息需求绝大部分处于需求排列中的较低层次，其信息需求都源于满足自身实际生产、生活需要，侧重于生理、生存、娱乐、消遣方面的信息需求，而缺乏高层次需求的动力，如审美或与知识创新相关的信息需求。

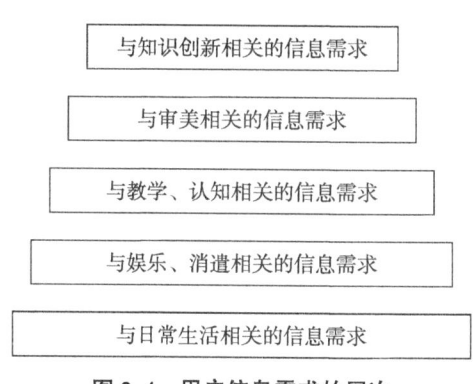

图 2.4　用户信息需求的层次

总体上来说，弱势群体的信息需求内容十分丰富，涉及日常生活的方方面面，倾向于获取适用性强的公共信息。但是弱势群体信息需求的源动力不足，获取信息的潜意识不强，在将潜意识转换为信息需求的过程中，缺乏连续性，呈现

❶　尼珍. 信息时代影响图书馆服务的因素分析 [J]. 北方文学，2015(1)：190-191.

出偶发性、间断性等趋向，甚至直接出现终止信息寻求的现象，从某种意义上来讲，弱势群体也是信息需求动力不足者。在信息需求的层次上，弱势群体的信息需求是停滞于浅层次的信息需求，是为满足基本生存和生产、生活的需要，很少涉及实现自我价值提升和培养生活情趣的信息需求。

2.1.3　弱势群体公共信息需求的满足情况

本研究调查发现，10.1% 的被访者有意愿获取公共信息并且经常能顺利获取。54.0% 的被访者有意愿获取公共信息并且偶尔能顺利获取，19.3% 的被访者有意愿获取公共信息但是经常无法获得。为了满足信息需求，被访者会积极探寻满足信息需求的渠道，借助电视广播、朋友邻居、容易获取的印刷型材料等满足自己的信息需求，另外他们也会通过亲戚、同事、朋友了解周围的生活信息和社会信息。但是还有 16.6% 的被访者觉得没必要获取公共信息，这说明仍有一部分被访者的信息意识不强（如图 2.5 所示）。

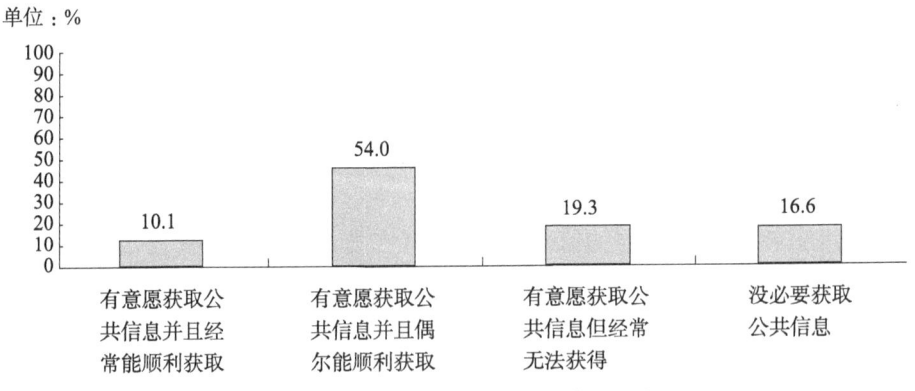

图 2.5　弱势群体公共信息获取意愿调查

　　调查发现，由于受到相关因素的制约，弱势群体信息需求的满足情况欠佳，有些被调查者的公共信息需求没有得到满足。如何解决公共信息需求的供需矛盾，寻找供需之间的平衡点，是公共信息服务应该慎重考虑的问题。

　　弱势群体的信息需求满足情况欠佳是由内生原因和外生原因共同作用造成的。从内生原因层次上说，弱势群体对信息重要性的认识不充分。另外由于他们在经济状况、知识结构、能力素质等多方面存在劣势，由此导致了信息需求满足状况欠佳。就外生性原因而言，我国社会"优势阶层"和"脆弱阶层"长期并存，两极分化的现象突出。由于弱势群体自身条件的局限及为他们提供的信息援助不充分，如没有充足的图书馆方便弱势群体查询信息，也没有相应的信息服务机构为他们提供有针对性的信息咨询，他们的信息需求的满足度欠佳。另外，外界信息量太大、信息质量差及缺乏相应的援助也导致弱势群体无法获取预期的信息。

2.2　弱势群体共性层面的公共信息行为调查与分析

　　弱势群体的信息需求来源于其生产、生活的实践活动所面对的问题。当弱势群体意识到自己需要信息时，为实现公共信息需求，必然会在某种信息动机的刺激下产生信息行动，信息行为是人类行为中的常见类型。信息行为涵盖了心理学等学科的理论精华，大致起源于 20 世纪 50 年代，在信息时代中越来越引起研究者的关注，已成为研究的热点问题。研究弱势群体的信息行为是有效实施弱势群体信息援助活动的前提，但以往专门针对弱势群体信息行为的研究较少。由于弱势群体信息活动的水平不高，他们也很少涉及比较复杂的信息行为。本研究从弱势群体的信息需求和特点出发，主要涉及信息搜寻行为、信息交流行为、信息选择行为和信息利用行为四个方面。

2.2.1 弱势群体的公共信息搜寻行为

信息搜寻行为是人类信息活动的起点，它将存在于人类大脑里的信息需求意识转化为搜寻活动。

1. 信息搜寻行为的含义

克里克勒斯（James Krikelas，1983）认为："信息搜寻行为是用户用来辨认信息以满足内在需求的行为，亦即当用户身处某种不确定的情境时，其所面对的情况就会导致其心中产生信息问题，信息搜寻行为也就随即开展以用来弥补其身处情景的信息断层，基本上信息搜寻行为的目的是要来解决信息断层，满足信息问题。" ❶ 波扎（Abdelmajid Bouazza）认为："信息搜寻行为是利用信息来满足一个人的信息需求的行为。" ❷T. D. Wilson（2000）指出："信息搜寻行为是一种有意识的搜寻信息以达到某种目的。" ❸

2. 弱势群体公共信息搜寻、获取的渠道

弱势群体的信息获取渠道与公共信息的传播模式密切相关。公共信息传递的主要模式包括：大众传媒传播模式、机构传播模式和人际传播模式。大众传

❶ Krikelas J. Information seeking behavior: patterns and concepts [J].Drexel Library Quarterly, 1983(2)：5-20.

❷ Bouazza A. Information User Studies[M]. Allen Kent. Encyclopedia of Library and Information Studies. New York: Marcel Dekker, 1989：323.

❸ Wilson T D. Human Information Behaviour [J]. Journal of Informing Science, 2000(2)：49-56.

媒传播模式依赖于图书、期刊、报纸、电视、广播、电话、网络等信息工具发布公共信息，是一种较为经典和成熟的模式。机构传播模式指政府部门、信息行业协会、图书馆、档案馆、博物馆或信息服务企业等机构参与公共信息的传递。与其他传播模式相比，机构传播模式的专业化水平和组织化程度较高，一般首先会对公共信息进行系统的收集、专业化的整理，涉及的公共信息的广度和深度都较高，并由专门的人员进行公共信息的发布与推广。人际传播模式以人际关系网络为基础，在密切的人际互动中获取信息。Chatman（1996）、Taylor（1991）等学者认为人际网络在信息寻求时的作用明显 ❶❷。此种方式带有偶发性和非正式性的特点，传播的公共信息较为零星和分散，信息传播速度较慢、信息传播范围有限，不过此种方式的信息传播成本较低，有时可能获得一些意想不到的信息，信息接受者也比较容易接受和理解。

调查发现，没有一个被访者觉得自己获取公共信息的频率非常高。14.9%的被访者觉得自己获取公共信息的频率比较高；44.9%的被访者觉得自己获取公共信息的频率一般；28.9%的被访者觉得自己获取公共信息的频率比较少；10.2%的被访者觉得自己获取公共信息的频率很少；1.1%的被访者从不试图获取公共信息，如图 2.6 所示。

调查发现弱势群体获取公共信息的渠道主要来源于自身经验和人际沟通交流，最喜欢从熟人处获取公共信息的被访者占 32.6%，他们青睐人际传播模式。利用大众传媒传播模式获取公共信息时，最喜欢从电视上获取公共信息的被访者占 33.7%，最喜欢从网络上获取公共信息的被访者占 12.8%，最喜欢从书籍、报纸、杂志上获取公共信息的被访者占 3.7%，最喜欢从广播电台中获取公共信

❶　Chatman E A. The inpoverished life-world of outsiders [J]. JASIS, 1998(3)：193-206.

❷　Taylor R S. Information use environments [J]. Progress in communication sciences, 1991(10)：217-255.

单位：%

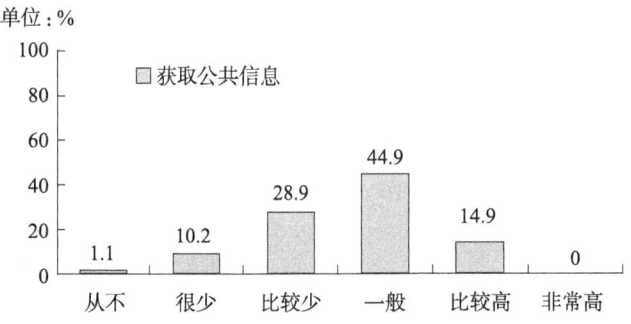

图 2.6 弱势群体获取公共信息频率调查

息的被访者占 2.1%，最喜欢从公告栏获取公共信息的被访者占 1.6%。在机构传播模式中，选择最喜欢从村委会、社区获取公共信息的被访者占 7.5%，最喜欢从政府机构获取公共信息的被访者占 4.8%，最喜欢从会议、图书馆获取公共信息的被访者各仅占 0.5%（见图 2.7）。从以上数据中可以明显看出，弱势群体偏向于传统形式的信息获取渠道。33.7% 的被访者表示最喜欢的公共信息获取渠道为电视，这是因为电视是弱势群体中最为普及的信息工具，弱势群体有看电

单位：%

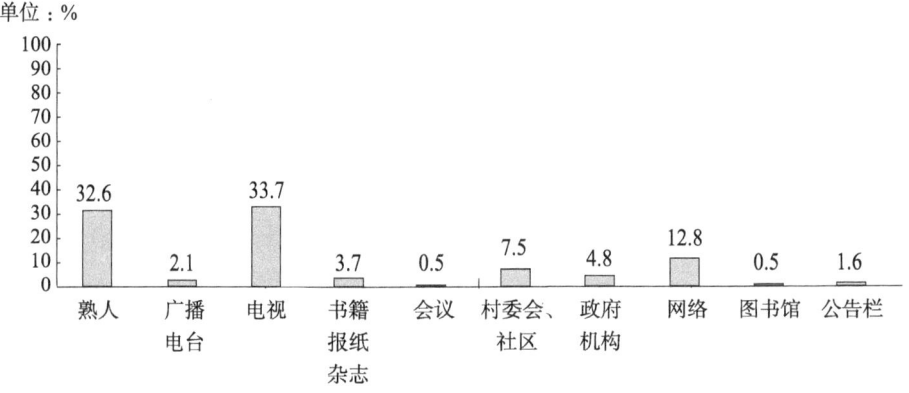

图 2.7 弱势群体获取公共信息渠道调查

视的爱好，因而大众传媒传播模式中的电视媒体成为弱势群体最普遍使用的公共信息获取渠道。另外，从熟人处获得公共信息的人际传播模式，由于简单方便、信息获取成本较低，也成为弱势群体优先使用的公共信息渠道。

　　传统三大媒体除了电视媒体保持优势之外，弱势群体使用广播或电台（仅占 2.1%），书籍或报纸杂志（仅占 3.7%）的频率偏低。广播、电台由于信息表现方式单一，只能依靠语音传播信息，与声像兼俱的电视媒体相比明显缺乏竞争优势。随着弱势群体电视拥有率的提高，形象性、娱乐性差的广播、电台逐渐被弱势群体淘汰。调查发现，书籍、报纸、杂志的阅读率也偏低，其原因有四点：① 弱势群体的文化程度普遍偏低，甚至被调查对象中有文盲或者半文盲，这类人无法阅读书刊；② 与购买电视这种一次性消费相比，购买书刊是重复性消费行为，看完了就必须重新花钱买新的书刊，这势必给经济贫困的弱势群体带来额外的负担；③ 弱势群体对图书馆感觉很陌生，图书馆使用率偏低（仅占 0.5%）；④ 与直观性、趣味性强的电视相比，书籍、报纸、杂志的阅读属于深度阅读，弱势群体缺乏深度学习、独立思考的动力。不过调查发现，随着互联网的普及，12.8% 的被访者选择从网络处获取信息，成为电视、熟人后排名第三位的公共信息获取渠道。62.6% 的被访者表示自己没上过网。进一步询问不上网的原因，回答"不清楚如何上网"的被访者占 71.1%；回答"没电脑"的被访者占 58.2%；回答"没钱"的被访者占 23.1%；回答"没有时间上网"的被访者占 28.1%；回答"没必要上网"的被访者占 28.9%。

　　不难看出，弱势群体对于信息获取的渠道具有明显的偏向性，弱势群体更偏向于采用简单便捷的信息获取渠道，如电视、亲朋好友，而较少使用如图书馆、专业信息中心、咨询机构、会议、村委会（社区委员会）等机构。尽管目前已建设了一些公共信息平台，公共服务信息系统也在逐步完善，信息获取技术也在不断提高，使得弱势群体在信息获取渠道上有了更丰富的选择，但是弱势群体从外界获取信息的主动性不强，处于被动地查找和利用信息的境况，36.4%的被访者偏向于主动地获取公共信息，63.6%的被访者偏向于被动地接受公共信息。在搜寻性的动机方面，51.4%的被访者偏向于有目的地获得公共信息，48.6%的被访者偏向于偶然获得公共信息。

3. 弱势群体公共信息获取行为的共性特征

信息查询是搜索信息的过程，也是用户进行自学、吸收新知识的过程。信息查询需要熟练掌握各种信息工具、运用多种信息技能，这些刚好是弱势群体所缺乏的。因此，弱势群体公共信息获取行为的显著特征是：公共信息获取动力不强，公共信息获取途径较为单一，公共信息获取能力较弱。此外，弱势群体信息搜寻行为的共性特点还有以下几个方面。

第一，就近性。弱势群体时常需要与外界环境进行信息交互，其公共信息需求必然要受到当时所处的公共信息环境因素的影响。公共信息环境由弱势群体可能接触到的公共信息资源构成。越容易接触到信息源，公共信息搜寻的实施难度也较小，弱势群体的公共信息需求就越容易满足，所以弱势群体十分看重信息源的就近性。就近性指信息源或信息传播渠道相对于用户的可接近程度或者便利程度，包括时空范围的临近性、智力层面上的可理解性和心理、情感距离上的亲近性。就近性是弱势群体搜寻公共信息的基本特点。弱势群体往往对公共信息的质量与可靠性的关注度都不高，通常偏好搜寻最便于接近的公共信息源。弱势群体倾向于在距离自己最短的时空范围中搜寻公共信息，期待在最短的时间、最小的范围搜寻公共信息，尽力减少在公共信息搜寻中耗费的中间成本。社会人际关系学的研究发现：在社会交往互动中，人们更习惯从附近的亲朋好友那儿寻求帮助或支持。这个惯性思维在弱势群体中间更为明显。弱势群体在遇到问题时首先凭借自己的知识、经验的积累来尝试解决，如果不能解决就自己在家查阅书籍、报刊等资料或者会上网的就通过网络来查找，若还无法找到答案就询问亲朋好友，实在解决不了就放弃查询。很少有弱势群体到附近的图书馆等机构查找，不习惯到政府部门寻求帮助，也不喜欢求助于专业的公共信息服务机构。

Monodu 通过对尼日利亚的一个农村个案研究解释了这种"就近性"搜寻信息的原因。农民之所以偏好从附近的亲朋好友那获取信息，是因为他们觉得从这些渠道获得的信息比较可信、可靠，并且获取成本比较低❶。本研究发现由于弱势群体的知识素养普遍较低，对公共信息的理解、吸收能力有限，因此在搜寻公共信息时，弱势群体宁愿选择与自身认知能力相匹配的搜寻方式，避免造成认知阻力。获取公共信息时，88.8% 的被访者倾向于了解身边的事情，83.9% 的被访者倾向于了解自己熟悉的事情，96.3% 的被访者倾向于了解容易理解的事情。弱势群体最明显的心理特征是敏感性和脆弱性，这也会影响他们选择公共信息搜寻的渠道，一般他们偏向于选择能产生"心理共鸣"的公共信息搜寻渠道。

第二，随意性。W. B. Rouse 认为信息需求是有变动性的，也就是信息搜寻的方法与选择信息的标准会因时间的不同而改变❷。弱势群体的公共信息需求经常处于混沌状态，没有固定的内容，也不遵循统一的形式，通常都是结合当时

---

❶ Margaret O. Momodu. Information needs and information seeking behavior of rural dwellers in Nigeria: a case study of Ekpoma in Esan West local government area of Edo State. Nigeria[J]. Library Review, 2002(8)：406-410.

❷ 周晨 . 高校教师信息行为特征及实证分析 [D]. 南京：南京航空航天大学，2009.

情境和心理状态发生的偶发需要，和情境紧密相关。而情境与当时弱势群体公共信息搜寻过程中所处的特定环境和心理状态有关。很多时候弱势群体所处的公共信息环境不佳,公共信息获取只是他们的附带行为,公共信息获取可有可无,带有"瞎猫碰见死耗子"的随意性。弱势群体公共信息搜寻行为体现了更多的偶然性和多变性。弱势群体在搜寻公共信息时，通常凭借当时的感觉、直觉作为选择公共信息的主要判断标准，并没有明确的目的，即使他们迫切需要某方面公共信息而进行信息搜寻时，也带有"能找到就找，不能找到就算了"的随意心态，很多公共信息获取行为没有实现目标后就停止。如果寻找公共信息的过程很麻烦的话，82.4%的被访者将放弃寻找，仅有17.6%的被访者会想办法直至找到所需公共信息为止。弱势群体通常没有意识到公共信息所蕴含的巨大价值，没有将公共信息获取作为一项重要的工作，很少专门去寻找公共信息，缺乏有意识的公共信息获取行为，仅依靠随机的信息捕捉。

第三，易用性。弱势群体在选择查询公共信息的途径时，遵循最小省力原则和穆尔斯定律。对于弱势群体而言，搜寻公共信息不是一件容易的事情，甚至会带来痛苦。信息工具的匮乏、文化知识的欠缺都给他们搜寻公共信息带来障碍，所以他们倾向于放弃那些费时耗力的信息源，尽量避开复杂、陌生的公共信息获取途径。一旦弱势群体发现获取公共信息比不获取信息更麻烦时，就会立刻放弃信息搜寻活动。弱势群体通常首先采用容易操作的方式搜寻公共信息，比如凭借知识储备或经验积累寻找答案或查阅自家存储的资料，如果找不到所需再询问乡村街邻、亲朋好友。如果还无法获得所需公共信息时，他们多数人会选择放弃，偶尔才会采用更专业的搜寻渠道，比如请公共信息服务人员帮助或者求助于专门的机构获取公共信息。在选择公共信息方面，弱势群体也倾向于选择简单、易懂的公共信息，无须进行复杂的加工处理，拿来便可直接利用。如果遇到缺乏实用性或不方便使用的公共信息，一般会倾向于主动放弃。如果弱势群体急需公共信息但不容易获得时，可能会产生失望、焦虑的不良情绪。

2.2.2　弱势群体的公共信息交流行为

1. 信息交流行为的含义

交流（communication）在不同情境中常被译为"沟通""传播""交际"，其内涵包括符号、理解、互动关系等几个基本要素。沟通互动的基础是信息的提供、传递和获取。岳剑波认为信息交流就是指个体借助于共同的符号系统所进行的信息传递、交换与分享[1]。方卿指出信息交流指人类社会各个个体在意识驱动下，借助于共同的符号系统所进行的信息传递、交换、共享过程[2]。

2. 弱势群体信息公共交流行为的方式

弱势群体公共信息交流行为是一个动态的过程，包含了口头交流和借助传播载体进行的信息传递、交换与分享的行动。公共信息交流的方式可分为正式交流和非正式交流。正式交流是指通过有组织的、系统化的形式进行公共信息交流。比如召开研讨会、发行正式出版物、发布规章制度等。非正式公共信息交流，即除正式交流方式以外的其他交流方式。正式交流程序复杂，组织的难度较大、缺乏灵活性，交流的公共信息内容比较程式化；而非正式交流的方式自由灵活，公共信息传递的效率高，对公共信息传递的内容没有严格的限制。

---

[1]　岳剑波 . 信息管理基础 [M]. 北京：清华大学出版社，1999：8.

[2]　方卿 . 论网络载体环境下科学信息交流过程的基本特征 [J]. 情报理论与实践，2002(2)：95-98，114.

弱势群体处在社会阶层的底层，知识储备不足，性格比较内向保守，难以形成正式的公共信息交流方式。调查发现，94.1%的被访者偏爱口语交流，5.9%的被访者偏爱书面交流。弱势群体不习惯正式交流，在公共信息交流时习惯选择面对面交流、电话交流、QQ聊天等非正式交流形式。在网络越来越发达的情况下，仍有90%以上的被访者依靠面对面的方式交流公共信息。22%的被访者表示他们会用QQ或微信交流公共信息，81%的被访者几乎不用社区论坛或者微博交流公共信息，他们甚至不知道社区论坛和微博为何物。

3. 弱势群体公共信息交流行为的普遍存在的问题及原因分析

（1）信息失真现象明显

信息失真是指在公共信息传递过程中，信息接受者所接收到的信息内容偏离或背弃了信息源的信息内容，即经过信息传递的"长途跋涉"，信息接受者所获取的信息与信息发送者想表达的信息内容产生了根本的改变，信息内容的原本含义被扭曲、误解，甚至背道而驰。弱势群体在公共信息交流的过程中容易出现信息失真的现象，主要是由两方面的原因导致的。一方面，是因为弱势群体主要采用非正式的公共信息交流方式，这种方式缺乏规范或规则的约束，信息交流中主观随意性比较大，影响信息内容的准确性和真实性，使得公共信息传递时容易产生谣言、谎言等信息噪音，造成信息的失真；另一方面，弱势群体在公共信息传递时，基于自身利益的需要、价值观的倾向和信息偏好的考虑，可能会对公共信息进行有目的性的加工处理，按照自己的理解和价值取向改变原有的内容后再传递出去。但弱势群体的知识构成体系不完善，能力素质较低，对公共信息的认识存在偏差，缺乏对公共信息进行理性加工的决断力，很多时候的加工并不科学，容易造成信息内容失真、"以讹传讹"的局面，在极端的情况下还会造成恶劣的影响。

（2）弱势群体公共信息交流不足

沟通和交流是个体社会化最基本的表现，调查发现被访者公共信息交流频率"非常高"的占 5.3%；公共信息交流频率"比较高"的被访者占 28.3%；公共信息交流频率"一般"的被访者占 52.9%；公共信息交流频率"比较少"的被访者占 10.2%；公共信息交流频率"很少"的被访者占 3.3%，不过没有发现一个被访者从不与他人交流公共信息，如图 2.8 所示。总的来说在弱势群体中，公共信息交流活动的动力不足，交流的频率比较贫乏。

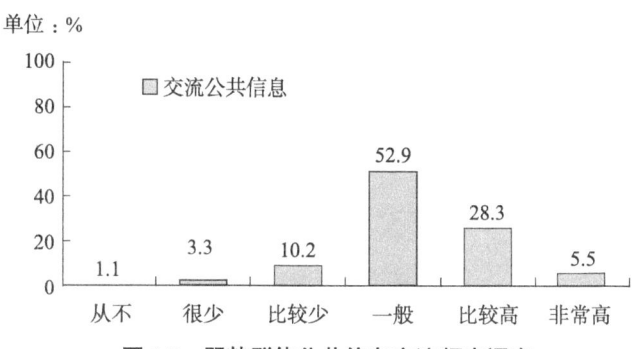

图 2.8　弱势群体公共信息交流频率调查

究其原因，主要有以下几个方面：

① 从成本—收益角度分析。弱势群体公共信息交流的动力不足，并且对信息交流收益方面的认识存在误区，弱势群体普遍认为花费大量的时间精力进行公共信息交流，却无法带来立竿见影的收益。弱势群体往往忽视公共信息交流产生的隐性收益和长远收益，他们更愿意将时间精力投入到能直接产生经济价值的活动中，这是导致弱势群体公共信息交流行为匮乏的主要原因。

② 从个体与群体关系角度的分析。普遍而言，个体对群体的认同感越强，就越愿意在群体内部进行公共信息交流与分享。弱势群体由于个体的封闭性，只有 38% 的被访者倾向寻找话题主动与别人聊天，62% 的被访者一般不与别人主动开启话题。

③ 从弱势群体的心理特征角度分析，弱势群体作为社会资源分配的边缘化群体，社会经济地位低导致其心理的脆弱。以往研究表明，弱势群体中的个体大多容易感到自卑胆怯、缺乏安全感，这些消极性的心理特质导致其交流的频率很低。调查发现，不想交流公共信息的原因中"性格内向"占了 21.9%；"无共同话题"占了 51.3%；"讨厌这个人"占了 21.9%，"心情差"占了 23.5%，"不能理解谈话"29.4%，"其他原因"占了 2.7%（如图 2.9 所示）。弱势群体觉得很多时候和别人没有共同话题，也不能很好地理解谈话内容，这些因素都迫使他们减少或者放弃公共信息交流。

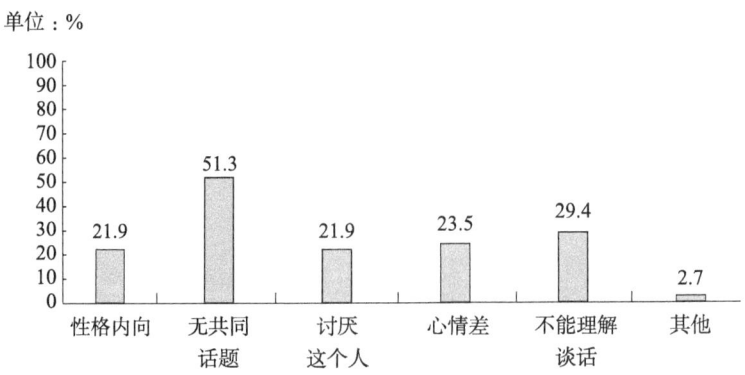

图 2.9 弱势群体缺乏公共信息交流的原因调查

④ 弱势群体公共信息需求意识弱，获取公共信息的途径有限，信息沟通和表达能力偏弱，信息选择加工能力差，使其交流的信息量极为有限，缺乏进行

公共信息交流的基础。

⑤ 弱势群体公共信息交流的渠道不健全。弱势群体的公共信息交流方式有限，很多现代的交流互动方式如论坛、新闻组、博客、播客、微信等方式很少被经济困窘、技能落后的弱势群体所利用，传统的公共信息服务模式也缺乏专门针对弱势群体的特殊照顾。以上原因都导致了弱势群体的公共信息交流匮乏。弱势群体的公共信息交流匮乏不但导致其孤陋寡闻，甚至可能影响他们的心理感受与情绪。

（3）弱势群体公共信息交流渠道较为单一

弱势群体公共信息交流的途径较少，基本依赖于传统渠道和非正式渠道。有 80.8% 的被访者表示最喜欢"面对面"的公共信息交流方式。这是因为"面对面"交流互动性强，可以引发深层次的人际交往行为。选择"最喜欢网络交流"的被访者占 12.3%，选择"最喜欢电话交流"的被访者占 6.4%，选择"最喜欢书信交流"的被访者仅仅只占 0.5%，如图 2.10 所示。

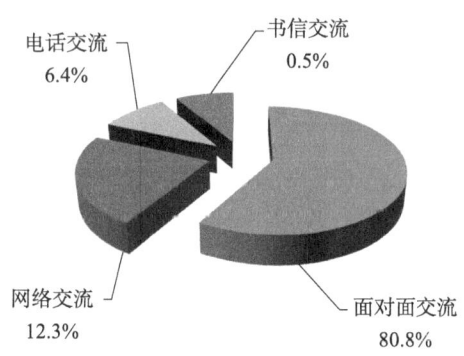

图 2.10　弱势群体公共信息交流渠道调查

　　调查发现弱势群体在非正式场合如休息串门和聚会时进行公共信息交流表现得较为积极，交流活跃度较强。选择"喜欢在休息串门和聚会时进行公共信息交流"的被访者分别占了28.3%和19.3%。不过弱势群体在串门和聚会时的交流常常没有实质性内容，停留在聊天、闲扯、拉家常的层面，获得的有用公共信息较少，主要目的在于消磨时间、增强感情。选择"喜欢一起干活时进行公共信息交流"的比例占了25.1%，干活时交流的内容侧重于实用性，一般交流工作经验、心得体会、市场行情等。而在一些较为正式场合如社区会议或者村务会议上交流公共信息的比例不高，仅仅占了16.6%。弱势群体对会议的主题不感兴趣，也不喜欢主动发言，甚至有的抱着事不关己的心态。弱势群体选择公共信息交流场合的情况，如图2.11所示。

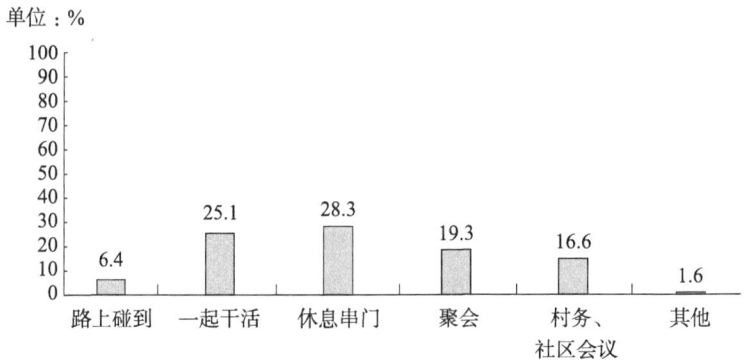

图2.11　弱势群体公共信息交流场合调查

　　弱势群体基本上习惯口语交流，不擅长用书面交流等较为正式的渠道，很少有人选择用书信交流。另外，由于弱势群体信息技能偏低，也很少利用网络进行交流，不善于利用QQ、微信等即时聊天工具进行对话，也很少到网络博客、论坛上发帖、答疑。有 94% 的被访者表示自己不会使用 QQ、微信等聊天工具及微博、网络论坛、视频聊天等信息交流工具中的任何一种，更不用说采用视频会议、远程登录系统进行交流。

（4）弱势群体公共信息交流的对象与话题存在局限性

弱势群体性格较为封闭、交际范围比较狭窄，公共信息交流的对象也比较局限，习惯和自己具有强联系的个体交流。99.5% 的被访者表示自己最喜欢与亲戚、同学、同事、邻居、朋友等信任的人和熟悉的人进行公共信息交流。仅有 0.5% 的人表示自己喜欢跟陌生人交流公共信息。弱势群体中不少人在与陌生人交流时存在心理障碍。弱势群体交流的对象主要为家里的成员或密切往来的人，因而获得的公共信息量有限、信息的同质化程度较高，难以拓宽弱势群体的视野。弱势群体的知识面较窄，生活节奏比较缓慢，生存环境比较单调，公共信息交流的话题比较单一，基本集中于自己周围的生活琐事。弱势群体对时事新闻、公共事件的关注较少，个别人在公共信息交流时喜欢"嚼舌根"。

2.2.3 弱势群体的公共信息选择行为

信息社会丰富的信息资源为弱势群体提供便利的同时，也给他们带来了不少困惑和烦恼。面对公共信息的爆炸式增长，弱势群体时常不知道怎样从海量的数据中选择所需的公共信息，即使投入大量的时间和精力试图挑选信息，但仍然感到无所适从、不知所措。有效地选择公共信息已经成为信息时代的一项重要本领。

1. 信息选择行为的含义

岳剑波指出："信息选择就是从某一信息集合中把符合用户需要的部分挑选出来。" ❶ 姚海燕认为："信息选择行为即是依据一定的判断标准对搜寻到的信息进行选择。" ❷ 邓小咏认为："用户依据一定的标准对查到的信息做出甄别的过程就是信息的选择行为。" ❸ 信息选择行为是指对信息进行有意识地筛选，做出判断和取舍的行动过程，主要包括对信息源的挑选和对信息传递渠道的选择。在信息搜寻行为和信息交流行为中，用户不是全盘地吸纳这些信息，而是有针对性地挑选部分信息，有些信息则被用户忽视或抛弃。

2. 弱势群体公共信息选择所遵循的普遍标准

弱势群体在选择公共信息时遵循着一定的规律，不仅遵循经济学的一般原理，比如一般挑选相关性强的、价值大的、获取成本低的公共信息，也遵循心理学的一些原理，比如挑选容易引人注目的公共信息。弱势群体公共信息选择遵循的选择原则和标准有五点。

（1）价值匹配原则

匹配原则是人们有选择地注意和接受感兴趣或有需要的信息刺激，不自觉的忽视和排斥不符合要求的信息。价值匹配是弱势群体选择公共信息所遵循的最基本原则。81.8% 的被访者表示自己一般会选择觉得有用的公共信息。公共信息的价值体现为理论价值、实用价值、社会价值、审美价值、权利价值等多

---

❶ 岳剑波. 信息管理基础 [M]. 北京：清华大学出版社，2004：70-71；74-82.

❷ 姚海燕，邓小昭. 网络用户信息行为研究概述 [J]. 情报探索，2012(2)：14-16.

❸ 邓小咏，李晓红. 网络环境下的用户信息行为探析 [J]. 情报科学，2008(12)：1810-1813.

种形式。价值匹配符合心理学的"认知和谐"的理论，弱势群体通常偏向选择价值高的公共信息。26.7% 的被访者会选择最新的公共信息。

（2）最小省力原则

最小省力原则是进行任何活动或者任何行为时所遵循的一条普遍性原则。弱势群体通常缺乏信息意识，不愿意把过多的资源和精力消耗在公共信息活动中，55.1% 的被访者偏向选择容易获得、容易理解的公共信息，18.7% 的被访者偏向选择流行的公共信息。在选择公共信息时，弱势群体总是尽可能把消耗最小化，通常从就近的信息源获取公共信息，所以经常先从自己拥有的信息源和选择自己熟悉、擅长的信息方式入手，然后再从周围的亲朋好友处寻求信息，或者寻求其他渠道。很多时候他们也会因为公共信息活动太费力气而选择主动放弃公共信息行为。

（3）经济性原则

经济性原则同样是一条普适性原则。46.5% 的被访者偏向选择获取成本低的公共信息。弱势群体进行公共信息活动时尽量避繁就简、弃难从易，非常重视公共信息的实用性、快捷性及经济性，经常挑选那些易得、便捷、好用的公共信息。弱势群体往往不愿意花费过多的开销进行公共信息活动，最乐意选择的是免费或廉价的公共信息。

（4）权威性和可靠性原则

认知权威对弱势群体的公共信息选择行为有重要影响。Wilson 提出的认知权威理论指出："认知权威不同于管理和等级权威，它建立在一定人际关系及信任程度之上，是在事实基础上形成的，会影响人对适当性的判断。"❶弱势群体经常选择比较有权威性的公共信息，他们普遍认为这样的信息较为可靠。本研究的调查发现，31%的被访者偏向选择质量高的公共信息。只要他们意识到信息的不可靠，会立马纠正自己的错误。

（5）注意力强度原则

很多情形下，信息是个体对外界环境的一种认知活动。弱势群体会不由自主地关注和选择经常出现的、反复强调的、观点独特的公共信息。在主观认知层面，弱势群体通常关注和选择那些与自己的兴趣、习惯、偏好、个性、爱好、需要、动机、经验、价值观、知识背景相似的公共信息，反之则可能降低注意力。另外，情绪与精神状态等因素也影响弱势群体的公共信息选择。当弱势群体情绪和心态比较稳定、精神状态较好的时候，通常容易集中注意力，公共信息选择行为的效率也比较高。

3. 弱势群体公共信息选择行为的共性特点

（1）公共信息选择的非理性

由于弱势群体的文化水平较低、缺乏经验，他们的公共信息选择行为带有非理性的色彩。面对海量的信息，弱势群体容易迷失在公共信息的海洋中，失去方向和判断力，经常感到不知所措、无所适从。弱势群体缺乏公共信息选择的客观标准，习惯单凭自己的兴趣选择公共信息，用一时的感觉支配公

---

❶ Sperber D. & Wilson D. Relevance: Communication and Cognition [M]. Peking: Foreign Language Teaching and Research Press, 2001.

共信息选择行为，用情感、情绪、兴趣等主观性偏好代替信息选择的客观标准，喜好成为主宰公共信息选择的决定性因素，这种情形下的公共信息选择往往是一种非理性行为。另外，弱势群体存在从众的心理，缺乏自己的是非判断，在公共信息选择时容易跟风、人云亦云，缺乏自己的理性判断。加之弱势群体偏好口语信息交流，容易造成信息失真、以讹传讹的现象，有时信息内容甚至互相矛盾，这使他们更失去了是非判断的能力，往往无法做出正确合理的公共信息选择。甚至在极端的情况下或者信息量过少时，弱势群体还会逃避选择行为，要么延迟选择，要么放弃选择，因此他们的公共信息选择能力较为薄弱。

（2）公共信息选择时的路径依赖

弱势群体在公共信息选择时容易受到自身经验、思维定式、印象扩散效应等因素的影响，从而体现出信息选择的路径依赖。路径依赖一方面为弱势群体的公共信息选择提供了经验，但也制约了他们信息选择能力的拓展空间，容易造成沾沾自喜、故步自封的心态，无法及时适应公共信息环境的变化。尽管信息选择的路径依赖在其他群体身上也时有发生，但是在弱势群体身上体现得更为明显。弱势群体思想观念受思维定式的影响，一般比较保守，容易墨守成规、因循守旧，排斥新的方式和不熟悉的路径，不愿突破创新。弱势群体害怕不确定因素，偏好选择自己比较熟悉的信息源和自己擅长的公共信息渠道，依赖以前用过的信息技能，习惯熟悉的公共信息服务方式，保留和自己价值判断相匹配的公共信息内容。

（3）首因效应与近因效应明显

弱势群体的公共信息选择行为也受到心理学的客观规律的影响。信息呈现次序的差别导致信息选择结果的不同，这被称为信息呈现的"次序效应"。同样内容的信息出现在最初、中间、最后的不同时间段中，引起受众的关注程度不同，因而势必影响对信息内容的过滤和选择。弱势群体的公共信息选择行为同样受这一心理和认知规律因素的制约，首因效应（Primary Effect）与近因效应（Recency Effect）明显。弱势群体的公共信息选择行为中的首因效应体现在弱势群体思维较为简单、容易先入为主，选择最先接触到的公共信息来源，因为这些信息不受"前摄抑制"的干扰。在首因效应的影响下，如果弱势群体最先接触到的信息是权威的、可靠的、相关的公共信息，首因效应可能会有利于弱势群体公共信息需求的满足。相反，如果弱势群体最先接触到的信息是非权威的、错误的、相关性不大的公共信息，首因效应可能会干扰弱势群体的判断，影响公共信息选择的效果。弱势群体的公共信息选择行为中的近因效应体现在他们对最近接触到的信息印象深刻，因为最后接触到的公共信息不受"倒摄抑制"的干扰，因此在弱势群体的记忆中往往留存的是最后的印象。同理，在近因效应的影响下，如果弱势群体最后接触到的信息是权威的、可靠的、相关的公共信息，近因效应可能会有利于弱势群体公共信息需求的满足。反之，如果弱势群体最后接触到的信息是非权威的、错误的、相关性不大的公共信息，近因效应则可能会干扰弱势群体影响公共信息选择的效果。在首因效应与近因效应共同作用下，弱势群体往往容易忽视位于中间阶段的信息，影响他们的信息选择。

（4）公共信息甄别能力较弱

尽管弱势群体主观上试图尽量选择权威性强和可靠程度较高的公共信息，不过调查发现，经常遇到的尴尬局面是弱势群体由于自身经验和知识的欠缺，在选择公共信息时经常显得不太自信，往往无法对信息进行甄别。由于无法鉴别公共信息真假，弱势群体甚至会上当受骗。

2.2.4　弱势群体的公共信息利用行为

1. 信息利用行为的含义

利用信息是为满足主体个性化的信息需求，是信息搜寻和信息交流的目的，它可以视为信息行为一个周期的终结点。信息用户进行信息搜寻和信息交流后，还要对公共信息有选择性地加以消化、吸收和利用，纳入自己的知识体系，以便能有助于解决所面临的实际问题。Wilson（2000）认为："信息利用行为（Information Use Behavior）由体力活动（如在文本中对各个部分进行标示以显示其重要性和意义等）和脑力活动（如吸收新的信息以改变用户原有的知识结构、在现有知识结构基础上比较新的信息等）组成。"❶ 信息利用是一种本领和能力的体现，对于信息用户来说，随着时间的推移和经验的积累，信息利用能力将逐渐提高，实现信息利用边际效用最大化，这部分用户力图将掌握的信息充分利用，最大限度地将信息资源转化为信息优势，提高信息的利用率。

---

❶　Wilson T D. Human information Behavior[J]. Informing Science, 2000(2)：49-55.

2. 弱势群体公共信息利用能力与效果分析

弱势群体获取、交流公共信息的最终目的是为了有效地利用信息，解决面临的具体问题。但对弱势群体而言，由于他们掌握的公共信息资源极其有限，加之信息消化、吸收能力的欠缺，导致他们无法充分利用信息，公共信息利用能力较低。本研究调查的结果显示，52.4%的被访者不能有效地利用公共信息。

弱势群体公共信息资源的占有率低使得他们信息利用能力先天不足。同时，弱势群体生活条件不好，他们把大多数时间和精力都花费在获取生存必需的物资活动上。在主观认识方面，弱势群体往往忽视了公共信息的利用。即使部分人在主观上重视利用公共信息，但由于弱势群体知识文化水平普遍偏低，无法有效地理解、分析、整合公共信息，从而导致他们的公共信息利用能力欠缺。通过传统的信息媒体，弱势群体还能吸收利用部分公共信息，而弱势群体想利用分布在网络上的海量信息时，更是困难重重。弱势群体没有掌握利用公共信息的有效方法，缺乏对有价值信息的判断力和对信息潜力的预测能力，无法与自身所处的信息环境形成良性的互动机制，因而无法充分地利用信息资源。简言之，弱势群体的公共信息利用能力差，信息的利用率低。

综上所述，大部分弱势群体利用公共信息的能力偏差，无法对公共信息进行深入的分析，也不能将自己的公共信息需求转换为信息利用实践活动，无法获得信息带来的收益。

3. 影响弱势群体公共信息利用能力的主要因素

弱势群体往往不太重视公共信息利用，公共信息利用行为出现的频率较低，是信息行为中的薄弱环节。无法利用的信息始终游离在主体之外，无法纳入弱势群体自身的知识结构，即使获取了，也形同虚设。公共信息利用的过程就是个体实现信息的转化、融合的过程，比起搜寻行为、交流行为、选择行为，公共信息利用的难度系数最高，受很多因素的制约。有些因素对弱势群体的公共信息利用行为起到激励作用，另一些因素却阻碍了此行为的顺利实施。

影响弱势群体公共信息利用的激励因素主要包括：① 报酬。在信息社会中信息就是财富，一条信息可能蕴含着机会与财富。② 学习效率。公共信息利用能力不是与生俱来的，任何人都要不断摸索和尝试，如果弱势群体能在信息服务人员的指导下，提高学习效率，就能较快掌握公共信息利用的工具与方法，提升他们的公共信息利用能力。③ 自我效能感。公共信息所带来的收益和回报，弱势群体可以直接体会到。不过不是所有的公共信息的价值都能以报酬、收益这种显性的指标加以衡量，公共信息所蕴含的隐性价值需要弱势群体慢慢体会。如果弱势群体利用信息能带来自我效能感的提升，弱势群体将越来越愿意利用公共信息。

但是对于大多数弱势群体而言，这些激励因素的影响微乎其微，他们中或多或少都存在公共信息利用障碍。调查显示，26.2% 的被访者认为"不利用信息的原因是没有需要"；有被访者认为"公共信息对生活没有实际的用途"；回答"缺乏信心"的被访者占 11.8%，回答"不知道怎么利用公共信息"的被访者占 46.5%，回答"理解公共信息困难"的被访者占 40.1%，回答"没人帮助"的被访者占 27.3%，回答"其他原因"的被访者占 1.1%（如图 2.12 所示）。

单位：%

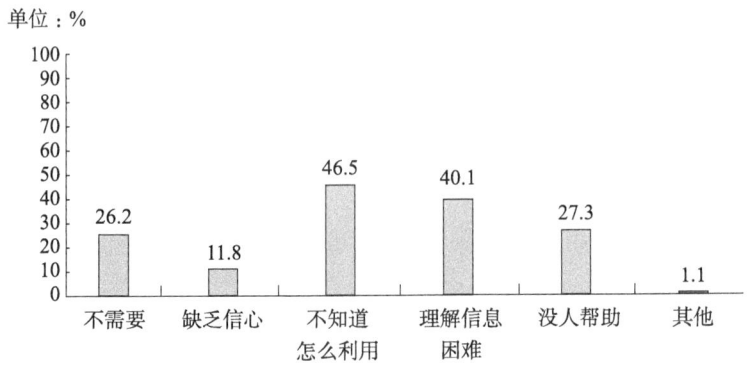

图 2.12 弱势群体公共信息利用障碍调查

阻碍弱势群体公共信息利用的因素主要包括：

① 公共信息利用环境方面的阻碍因素。公共信息环境因素由内部环境和外部环境两方面组成。内部公共信息环境受弱势群体自身的知识体系结构、公共信息辨识能力、公共信息理解能力等因素影响。有被访者提到："我看到很多公共信息不知道怎么样辨别，分不出哪些有用哪些没有用。"弱势群体的文化素质低，对公共信息的辨别理解能力偏弱，使之不能对周围的公共信息加以很好地利用。另外弱势群体经济收入不高，公共信息产品方面的开支有限，公共信息交流频率低，都会对弱势群体公共信息的利用产生一定影响。外部公共信息环境受公共信息基础设施、公共信息服务水平、信息交流等因素的影响。弱势群体缺乏公共信息服务机构、公共信息服务人才的信息援助，而且长期生活在公共信息基础设施差的环境中。

② 公共信息意识方面的阻碍因素。弱势群体对于公共信息需求的源动力不足，以及自身群体带有一定的封闭性，导致公共信息利用的效用差。有些弱势群体很少主动地开展公共信息利用活动，甚至对政府提供的公共信息援助活动

也漠不关心。例如，云南省富源县有的农民把政府给他们用于生产和脱贫的一些科普书籍和生产资源低价售卖，认为政府举办的一些技能培训活动是面子工程而敷衍了事 ❶。

③ 公共信息利用技术方面的阻碍因素。弱势群体不知道通过何种技术将公共信息进行加工、组织、整理形成结构化的知识纳入自己的知识体系，也不知道如何深入分析、提炼公共信息，挖掘信息所带来的潜在收益，更不知道如何利用公共信息创造新的知识，实现信息增值。

尽管对于弱势群体而言，公共信息利用的实施难度较大，有很多阻碍因素，但弱势群体也曾或多或少利用信息。因为公共信息利用遵循"无意识法则"的基本原理，弱势群体不需要经过系统的努力也可完成某些信息的吸收和知识的利用。在弱势群体公共信息援助和服务过程中，如果能尽量发挥公共信息利用的激励因素，克服信息利用的不利因素，将会起到事半功倍的效果。

2.3　弱势群体普遍面临的公共信息障碍

弱势群体公共信息需求难以满足，在公共信息获取、交流、利用方面存在的困难与障碍受很多因素的影响，其中主要是由于弱势群体的心理上存在信息焦虑问题，生理方面的缺陷严重影响了其公共信息需求的实现，经济障碍和较低的知识文化水平也制约了其信息技能的提高。

---

❶ 詹晓阳.基层政府面向信息弱势群体的公共服务研究 [D]. 武汉：武汉大学，2010.

2.3.1 心理障碍引发了弱势群体信息焦虑的问题

在心理层面，性格内向的弱势群体面对铺天盖地的信息时常会感到迷惑不解、束手无策，甚至出现紧张、恐惧、焦虑的负面情绪。这种信息焦虑的心理给弱势群体公共信息的利用带来了障碍。1935 年，T. S. Elhot 首先提到了信息焦虑（Information Anxiety）❶。随后，沃尔曼指出："所谓信息焦虑是指数据与知识之间的一个黑洞。"❷ 信息焦虑并不是弱势群体独有的问题，任何人都存在信息焦虑的可能性。Stephenson（1967）研究发现："习惯看报纸的人们想要去确定每天发生的事情平稳顺利，尤其是没有发生对自身有重大影响的事件，因此若当日没有看到报纸，会导致失落与焦虑感。"❸Charles Atkin（1973）对产生信息焦虑的原因进行了分析，指出："当个体感到周围环境与期望达到的标准状态有差异时就产生信息需求，这种不确定的感觉会引起焦虑和自信缺乏。"❹

不过信息焦虑现象对于弱势群体来说更为明显。随着互联网的兴起与发展，信息传播迅速、呈爆炸式增长。面对铺天盖地的信息，弱势群体对公共信息的理解能力有限，缺乏对信息的敏感度，往往不懂得分类甄别公共信息，也没有能力加工利用公共信息为他们的生产生活服务。例如，当政府决定要实施某项政策时，弱势群体一般都很难迅速把握这项政策的本质，这必然加重弱势群体

---

❶ John P, Girard. Toward an Understanding of Enterprise Dementia: An Empirical Examination of Information Anxiety Amongst Public Service Middle Managers [D].Touro: Univ, 2004.

❷ 沃尔曼.信息饥渴——信息选取、表达与透析 [M].北京：电子工业出版社，2001.

❸ Stephenson G R. Cultural acquisition of a specific learned response among rhesus monkeys [M]. Stuttgart: Fischer, 1967：279-288.

❹ Atkin C K. Instrumental utilities and information seeking. New models for mass communication research [M]. Oxford, England: Sage Publications, 1973：205-242.

的焦虑程度。他们在信息时代，知识储备越来越陈旧，越来越落伍，越来越无法适应现代信息环境，容易诱发他们的无助感，严重时会让他们感到挫败。根据本研究调查结果，有 54.8% 的受访者认为当他们搜索不到公共信息时会感到懊恼和焦虑。弱势群体因为自身所处的社会地位，所能了解的公共信息更是少之又少，相比其他人群信息劣势更加明显，弱势群体的焦虑状态会显得更严重。加之网络上的信息缺乏有效的审核，存在很多垃圾信息和虚假信息，使得知识水平不高的弱势群体更加难辨真伪，更容易因为面对信息污染和信息噪音而产生信息焦虑。

2.3.2　生理障碍影响弱势群体公共信息需求的实现

弱势群体很多时候是一些老弱病残的人群，生理障碍是导致信息弱势的重要原因，生理障碍因素影响他们公共信息需求的实现，主要体现在三个方面。

其一，年龄障碍。从年龄上可以把人群划分为老、中青、幼三种类型。在公共信息获取和利用方面，中青年群体明显比老幼群体要占有优势。中青年群体精力最旺盛，求知欲也最强烈，往往具有较高的文化水平、掌握着比较先进的技术，在工作中和生活中接触的公共信息来源广泛，他们所拥有的公共信息量也最大。与中青年群体相比，老年群体原有的知识储备随着时间的推移逐渐陈旧、老化，不适应社会的飞速发展。老年群体生活技能、记忆能力、学习能力等诸多方面都在逐步退化，未能及时掌握最新的信息技术。有些老年人退休之后甚至孤立、封闭，与社会完全隔离。幼年群体则由于年龄较小，生活技能、学习能力都还待提高，因而公共信息搜寻、利用的能力也不强。年龄的因素阻碍了老幼群体的公共信息需求实现。在本研究的调查中，有 46.7% 的被访者认为年龄因素会影响他们实现自己的公共信息需求。

其二，健康障碍。在本研究的调查中，有 43.8% 的被访者认为健康状况会影响他们实现自己的公共信息需求。图书馆盲人阅览室的工作人员曾提到："由于视力欠佳、行动不便，很少有盲人亲自上门来借阅书籍资料，一般是通过电话预约借阅，图书馆投递书籍上门，或者通过盲人的亲朋好友来代借图书。不过这两种方式都十分消耗人力资源，因而盲人阅览室的书籍利用率并不高。"计算机网络为信息的传播带来了极大的便利，但是这并没有消减信息鸿沟。在信息时代，其他群体获得的公共信息日新月异、突飞猛进，反而将存在健康障碍的弱势群体远远地甩在身后，信息鸿沟在不断扩大。尽管公共信息服务会为弱势群体提供专业的设备和适合他们的数字资源，然而受视力、听力的制约他们要真正理解、消化、吸收这些公共信息显得困难重重。

2.3.3 经济障碍导致了弱势群体信息贫困的局面

弱势群体的收入水平不高，很多时候入不敷出，不但导致了他们生活上的贫困，也使得他们陷入信息贫困的局面。收入水平低下造成弱势群体缺少信息设备、缺乏信息技能，获取信息的途径十分有限，也给他们造成了公共信息障碍。

弱势群体的收入往往只能让他们停留在温饱线上，有时甚至连温饱问题都无法解决。根据 Elfreda A Chatman 的理论：当人们生活在一个贫困的世界，人们会选择忽视信息，即使知道信息对每天的生活和问题的解决是非常有用的。❶❷ 弱势群体存在公共信息障碍的主要原因之一是经济条件差，他们占有的社会资源太少，收入水平很低，没有多余的资金去购买信息设备、改善自身所处的信息环境，无法加大对信息活动的经济投入，也没有本钱去提高自身的信息技能。本研究的调查发现，64% 的被访者家庭收入不稳定，54% 的被访者家中没有安装网络。58.2% 的被访者认为他们买不起个人电脑。

提供商业性的公共信息服务会收取网络服务费用、商业数据库获取费用等信息服务费用，囿于经济水平的限制和信息意识的欠缺，弱势群体在面对付费的信息服务时更倾向于拒绝。进行公共信息援助时，应该尽量削减弱势群体的信息开支并尽可能多地为他们提供物质支持。如 2008 年国家图书馆、国家科技图书馆文献中心等相继将每页文献的费用下调为 0.3 元，带来了用户需求的大幅增长。❸

2.3.4　知识文化障碍制约了弱势群体信息能力的发展

弱势群体收入水平低下、经济困窘，无法支付过多的学习费用。本研究调查发现，超过 50% 的被访者的学历均在高中以下。特别是一些存在健康障碍的弱势群体，由于身体缺陷无法享受免费的普通国民教育提供的福利，又无法去特种学校接受教育，无奈地成为文盲群体的一员。已有研究表明，盲人中就读过盲人学校、接受过系统学习，能够到图书馆阅读盲文文献的盲人

❶　Chatman E A. Life in a small world: Applicability of gratification theory to information-seeking behavior [J]. Journal of the American Society for Information Science, 1991(6)：439-449.

❷　Chatman E A. A theory life in the round [J]. Journal of the American Society for Information Science, 1999(3)：207-217.

❸　张翼燕，杨玉慧. 用户信息行为障碍研究 [J]. 图书情报知识，2008(9)：80.

用户仅仅占盲人总数的 0.01% ❶。弱势群体的文化程度较低、知识欠缺直接限制了他们对信息技术和网络知识的学习能力，影响了他们对信息的分析、理解和应用能力。

因特网中海量的信息资源给信息用户提供了极大的便利，但同时也对用户的计算机应用技能和信息检索能力提出了更高的要求。面对浩如烟海的信息，信息获取和检索能力低的用户很难有效地找到需要的信息，往往迷失在信息的海洋中。能力素质差、知识结构不完全、信息技能低下是弱势群体的一个普遍特点。根据本研究的调查结果，有 36% 的被访者反映自己不懂得运用电脑技术。弱势群体教育层次较低的劣势造成了他们在搜索和浏览信息的过程中经常遇到不少困难，雪上加霜的是平时缺乏专业的信息培训更限制了他们获取信息的途径和能力。

总之，由于心理、身体素质、经济情况、知识文化水平等方面的综合因素，造成了弱势群体较之其他人群处于信息弱势的不利状态。而被动的公共信息服务不能很好地保障弱势群体的权益，应细致分析弱势群体的公共信息需求、信息障碍和信息行为，积极主动地为他们开展公共信息援助，才能保障和维护他们的权益。

---

❶ 邓亚文. 弱势群体的信息障碍与图书馆的知识援助 [J]. 科技情报开发与经济，2008(12)：5-7.

第3章　弱势群体公共信息援助的
理论剖析

探索弱势群体公共信息服务权益的实现方式首先需要在理论层面勾勒弱势群体公共信息服务的框架，厘清弱势群体公共信息服务权益的概念，分析弱势群体公共信息权益发展的必要性及法理基础，阐述弱势群体公共信息服务权益发展的具体目标和基本原则，以此为弱势群体公共信息援助的实践奠定基础。

3.1　弱势群体公共信息服务权益的概念界定及法理基础

3.1.1　弱势群体公共信息服务权益的界定

权益是权利和利益的统称，目前学术界对弱势群体公共信息服务权益的探索处于初步阶段，其定义是在信息权利的基础上加以延伸的。信息权利是公民权利的组成部分❶。所谓信息权利，指人在信息活动中合理地生产、组织、拥有、传播和使用信息的权利❷。信息权利既体现为公民权利和政治权利，也体现为经济、社会和文化权利❸。信息权利是针对信息领域的公民权利的统称，在工业社会尚未得到重视，这个概念的兴起反映了人们进入信息社会以后，信息意识的不断增强及信息权益观念的觉醒。弱势群体公共信息服务权益的上位类概念为公共信息服务权益。公共信息服务权益是社会公众依法在政府等相关公共信息服务主体提供的公共信息服务过程中应享有的权益❹。弱势群体公共信息服务权益将公共信息服务权益的对象进一步明确、范围进一步细化，限定于弱势群体这个特定的人群。目前，学术界给出弱势群体公共信息服务权益定义的学者很少，仅有少数学者依托于国家社科基金对此问题进行了探讨。例如，赵媛等学者认为，弱势群体的公共信息服务权益是其依法享有的无障碍知悉、获取、利用公共信息及其服务的权益❺。弱势群体的公共信息服务权益是在公共信息服务过程中应该享受或保障的信息权利。公共信息服务权益的维度很广，涉及信息平等权、信息财产权、信息知情权、信息表达权、信息隐私权、信息传播自由权、信息利用权、信息安全权等众多方面。信息财产权、信息隐私权、信息安全权等对于社会底层的弱势群体来说问题不是很突出，弱势群体重点需要保

❶ Bovens M. Information rights: citizenship in the information society［J］.Journal of Political Philosophy, 2002(3)：317 -341.

❷ 沙勇忠. 基于信息权利的网络信息伦理 [J]. 兰州大学学报：社会科学版，2006(5)：54 -59.

❸ 周毅. 基于信息权利保护的政府信息资源规划研究 [J]. 情报资料工作，2010(3)：45- 50.

❹ 赵媛，陈曦，杨德兴. 论弱势群体公共信息服务权益的性质、构成及正当性 [J]. 图书馆，2016(11)：56-61.

❺ 赵媛，淳姣，王远均. 我国农民／农民工信息意识现状及提升对策 [J]. 四川大学学报，2014(6)：98-108.

障的公共信息服务权益主要包括公共信息平等权、公共信息知情权、公共信息表达权、公共信息使用权四个方面。

3.1.2 弱势群体公共信息服务权益发展的法理基础

弱势群体公共信息权益发展的法理基础之一为人权理论。在中世纪，封建特权与神权至上的理念占据主导地位，诚如马克思所言："在中世纪，权利、自由和社会存在的每一种形式都表现为一种特权。"随着公民自我意识的觉醒，启蒙思想家们开始号召人们打破封建特权与神权膜拜，宣传自由、平等、文明的进步思想，主张尊重人权、维护人权。联合国人权委员会规定："信息是人的基本权利之一。"弱势群体公共信息服务权益的保障是维护弱势群体信息权利的需要，是维护弱势群体基本人权的需要。正如 Estela Morales 所言："信息是人类表达自己或倾听别人表达的需要的反应，它是某一时刻作为本质人权的需要的反应，因为作为自由人，我们有权表达自己、告知与被告知。这种正常的基本权利必须由国家来保证或被社会所保护❶。"人权最基本的特性为普遍性，任何公民都享有人权。公共信息属于公共物品的组成部分，公共信息服务是以政府为主体联合其他公共组织及社会各界提供的大众化信息服务。从人权的普遍性出发，在权利的普及范围的层面上来看，与特属或专属形式的权利相对立，公共信息服务权益属于普遍性权利。这种普遍性首先体现在信息权益主体的普遍性，既然公共信息服务权益理应是人人应享有的权利，那么应该不分差别地为所有人普遍享有，无论是强势群体，还是弱势群体，都应该享有作为公民的基本信息权益。

---

❶ [墨西哥]Estela Morales. The Information Right and the Information Policies in Latin America[EB/OL]. [2013-05-09]. http://www.ifla.org/IV/fila 65/papers/056-137e.htm.

　　弱势群体公共信息权益发展的法理基础之二为平等理论。正如法国《人权宣言》所说："在权利方面，人们生来是而且始终是自由平等的。"美国著名法理学家博登海默指出："人的平等感的心理根源之一乃是人希望得到尊重的欲望。"平等意味着社会主体权利实施方面的无差别性，描述了社会主体拥有利益方面的平衡状态，体现了对人的尊重。平等理论发展经历了形式平等和实质平等两个阶段。形式平等理论倡导自由、平等、博爱，认为人生来就是平等的，公民的权利理应受到无差别的保护。形式上的平等往往只重视机会的平等，忽视了人和人之间的差别，忽视了人的个体能力、占有资源、社会地位等因素差异将导致权利的实施手段、实现范围存在差别。很有可能这些差别进一步聚集形成"马太效应"，导致强势群体和弱势群体之间的差别越变越大，弱势群体越来越处于不利地位，因而形式平等的观点存在缺陷。实质平等理论是基于对形式平等理论的修正。美国学者罗尔斯是实质平等的重要代表人物，他在其名著《正义论》中指出，一个公平的社会基本结构应当符合以下两个基本原则：第一个原则是"每个人对与其他人所拥有的最广泛的基本自由体系相容的类似自由体系都应有一种平等的权利"。第二个原则是"社会的和经济的不平等应这样安排，使它们被合理地期望适合于每一个人的利益；并且依系于地位和职务向所有人开放"。随后，罗尔斯对第二个原则又进行了修正："社会的和经济的不平等应这样安排，使它们适合于最少受惠者的最大利益；依系于在机会公平平等的条件下职务和地位向所有人开放"。罗尔斯将第一个原则称为"最大的均等自由原则"，将第二个原则称为"差异原则"❶。罗尔斯在第二个原则中提出对以弱势群体为代表的"最少受惠者"的照顾。实质平等考虑到人和人之间的差别，群体与群体之间的差异，试图通过补偿机制或者援助机制使社会成员的权益实现实

---

❶　[美]约翰·罗尔斯.正义论[M].北京：中国社会科学出版社，1988：60-84.

质意义上的平等。相比于形式平等，实质平等理论更加具有代表性。信息平等权（right of information equality）是实质平等理念在信息社会的延伸，奠定了信息时代中公民信息权益的基石。信息平等描述了社会主体在信息活动过程中合理地分配信息权利、利益而形成的一种平衡状态。从实质平等理论出发，公共信息服务的对象是全体公民，包括弱势群体在内的所有参与公共信息活动的主体应当处于平等的地位，任何机构或个人都无权剥夺其公共信息服务权益，并且应该对弱势群体进行人道主义的信息援助，帮助他们实现公共信息服务权益的实质性平等。

　　弱势群体公共信息权益发展的法理基础之三为公平理论。《现代汉语词典》把公平解释为"处理事情合情合理，不偏袒哪一方面"。公平意味着对所有人一视同仁，以客观公正的态度对待。公平理论在平等的基础上加入正义的约束，并不是无差别化的平等就是公平。例如，无原则的平均主义，吃大锅饭将造成不公。很多时候绝对意义上平等是一种理想化的愿景，更多的时候体现了人们美好的愿望，难以真正落实。但公平是一种相对性的评价，是对资源分配结果的价值判断。公共信息公平是对公共信息资源分配结果的价值判断。蒋永福等人认为："信息公平是人们面对信息资源的获取和分配过程所产生的价值期望。" [1] 肖希明认为：信息公平主要是"指不同阶层、不同群体的社会成员，都能够自由平等地获取各种信息，包括公平地享有社会文化资源、文明成果和知识信息" [2]。信息公平保证了弱势群体与其他社会公众在信息权利上的公正状态，公共信息服务权益是弱势群体作为普通公民应当公平地享有的一项基本权利，同时对政府及其他公共部门来说为弱势群体提供公共信息服务是不可推卸的法

---

[1]　蒋永福，李京 . 信息公平与公共图书馆制度 [J]. 国家图书馆学刊，2006(2)：50-54.

[2]　肖希明，水亮 . 和谐社会中的信息公平制度 [J]. 图书馆论坛，2006(6)：66-69.

定义务。信息公平要求公共信息服务主体不断推进公共信息服务的范围，尤其不能忽视弱势群体，力争让每个人都能公平地享有相关法律所规定的信息权益。离开了法律保障就无法实现真正的公平，信息法奠定了信息公平的基础，保障了弱势群体公共信息权益的落实，正如德沃金所认为，不能认真看待权利，就不能认真地看待法律，要认真地看待法律，就必须认真地看待权利。信息法律、法规要求无条件执行、强制遵守。弱势群体信息援助要遵循相关的信息法律的规定，在制度层面上对弱势群体公共信息服务加以规范，使之能够真正解决弱势群体的公共信息困难，才能使弱势群体的信息劣势地位得到根本性的改善。当弱势群体与其他群体出现利益纷争时，能根据法律法规的规定对其纠纷进行公平的裁定。信息资源和信息利益分配的不公将直接导致信息权利不公平，保障弱势群体的公共信息权益有利于实现信息公平的目标。

3.1.3 弱势群体公共信息服务权益发展的必要性

弱势群体作为社会公民应该平等地享有一切权利，但是他们很多权利都得不到充分保障，在信息领域同样如此，弱势群体的信息权利也时常被忽视。弱势群体公共信息服务权益的保障是维护弱势群体信息权利的需要，是维护弱势群体基本人权的需要。2006 年《国家"十一五"时期文化发展规划纲要》发布，社会弱势群体的文化权利保障问题首次进入国家战略视野，政府明确提出了面向社会弱势群体的"文化低保"政策，"切实维护低收入和特殊群体的基本文化权益"❶。弱势群体公共信息服务权益属于文化权利的一个方面，因而从宏观层

---

❶ 中华人民共和国中央人民政府门户网站 . 国家"十一五"时期文化发展规划纲要 [EB/OL]. [2017-09-28]. http://www.gov.cn 加 g/7006-09/13/content 388046.htm.

面上来讲，发展弱势群体公共信息服务权益有利于国家文化战略的实现。在公共信息服务方面，由于多方面的原因，弱势群体在信息资源占有和信息财富分配中处于弱势地位，无法很好地享受到公共信息服务的成果，这种不平等与不公正，也违背了构建和谐社会的理念。弱势群体的公共信息服务权益保障和发展，对于社会发展而言，有利于实现公共信息资源的全面共享，促进社会公平和公正、落实科学发展观、建设和谐社会、实现共同富裕。对于信息经济而言，弱势群体的公共信息服务权益保障和发展，有利于提高信息技术的普及率、缩小信息差距、弥补信息鸿沟、保障信息公平，推进信息服务业和信息经济的快速发展，保障我国信息化战略的落实，最终推动信息化社会的全面发展。在政府治理层面，弱势群体的公共信息服务权益保障有利于探索适合我国国情的弱势群体公共信息服务路径，有利于促进面向弱势群体的政府信息公开，推进公共信息基础设施建设，可为建立新型政府公共服务体系和服务型政府提供指导，有利于实现"善治"的目标。同时，信息援助能使政府的政策、方针、规章等信息迅速传播，促进行政事务透明化，让信息公开制度落到实处，保证公共信息服务便民，有利于建立行为规范、运转协调、公正透明、廉洁高效的政府公共服务体系。在公共信息服务的过程中引入信息援助也可提高电脑和通讯设备的普及率，促进信息技术和知识的推广，缩小"信息鸿沟"和"社会分化"，对加快我国社会信息化进程和实现国家信息化战略意义重大。

弱势群体不善于维护和争取自己正当的信息权益，在信息知情权、信息自由获取权、信息传播权等享用方面常处于弱势地位。弱势群体被视为沉默的一族，没有政治话语权和信息表达权，无法公开表达自己的政治诉求和政治权利。另外，弱势群体的收入水平较低、生活困苦，食品消费所占的比重大，在信息产品方面的消费比重小；加之他们的教育水平较低、缺乏文化知识，信息闭塞、观念陈旧，获取、理解和利用信息的能力十分薄弱，从而不可避免地成为了信息弱势群体的一员。经济贫困、知识缺乏、信息弱势的现状将给弱势群体信息权益的保障和发展带来困难，并导致弱势群体各项利益表达和获取被进一步削弱。当弱势群体在信息生活中被边缘化、失去话语权的时候，信息权利也无形中遭到了侵害。从这个意义上来说，弱势群体信息援助是人权保护的延伸，是提高弱势群体生存状态和社会地位的重要举措。提供全方位、专业化的公共信息服务能有效地满足弱势群体的信息需求，促进信息公平，缓解信息贫困，保障弱势群体的信息权利。同时，也增加了他们的就业机会，拓宽了他们的知识面，提高了他们的文化素质，有利于他们改变被忽视、被边缘化的社会地位，促进他们在社会阶层上"向上流动"。因此，对弱势群体而言，保障弱势群体的公共信息服务权益也方便他们获取公共信息，有利于提高他们的信息素养和知识水平、保障和发展他们的信息权益，有助于弱势群体实现包括信息权利在内的整体权利。

3.2　信息援助对弱势群体公共信息服务权益发展的作用

弱势群体公共信息服务过程中可以利用信息援助培养弱势群体的公共信息权利意识，增强弱势群体的信息素养。为了提升信息援助的水平，促进弱势群体公共信息服务权益健康发展，需要对弱势群体公共信息权益进行协调，也需要对信息援助本身实施监控。信息援助有利于培养弱势群体公共信息权利意识，有利于协调弱势群体公共信息权益，有利于督促弱势群体公共信息权益的落实。

3.2.1　有利于培养弱势群体的公共信息权利意识

弱势群体公共信息权利意识反映了客观存在于他们脑海中，对公共信息资源、公共信息价值、公共信息权利的认识、看法、观念、态度、需求和期望，以及弱势群体对于如何行使和实现自身公共信息权利的价值选择和行为方式的判断。弱势群体具有较高的公共信息权利意识时，就将形成对公共信息的判断，并以此指导自己的公共信息行为，使公共信息活动具有方向性、目的性和预见性。弱势群体会为实现自身公共信息权利和利益而奋斗，最终促成弱势群体信息状况和地位的改善。弱势群体的公共信息权利意识不是自然而然形成的，需要信息援助人员在公共信息服务过程中帮助他们孕育和培养。对于一贯缺乏信息意识的弱势群体来说，公共信息权利意识的培养不是一蹴而就的事情。首先，需要信息援助人员帮助弱势群体建立起维护自身公共信息权利意识的基本观念。信息援助时可以对弱势群体展开宣传，唤醒弱势群体的公共信息权利意识，并告知他们享受公共信息权益是法律赋予公民的一项基本权利，任何组织和个人都无法剥夺他们享受公共信息服务的权利。当弱势群体公共信息权利受到侵害时，他们应该积极采取措施。维护公共信息权利不仅是为了争取的个体权利，而且是为了捍卫法律的地位与尊严。其次，信息援助可以帮助弱势群体建立对公共信息权利及其价值的正确认知和理解，要告知弱势群体如何正确地使用信息权利，了解公共信息权利的组成，如何保护自身合法的信息权益。再次，信息援助人员要帮助弱势群体提出合理的公共信息权利诉求，有效选择信息权利行使与维护的方式。最后，信息援助人员要督促弱势群体知晓公共信息权利的正当性与可行性，自觉地在法律、法规的范围内行使公共信息权利，同时避免侵害他人的合法权利。

3.2.2　有利于督促弱势群体的公共信息权益的落实

罗素和卡特纳将信息支持与情感性支持、社会整合、网络支持、满足自尊的支持、物质性支持并列同属于社会支持的组成要素 ❶。信息援助是一种有效的信息支持的方式。传统的公共信息服务没有专门将弱势群体作为特定的服务对象独立出来，没有对弱势群体提供人性化的服务。

弱势群体公共信息服务的公益性要求尽可能以低费用或者免费的形式提供服务。在传统模式中，单单依靠政府部门利用财政拨款来维持弱势群体公共信息传播、推送的一切活动。但政府管理的公务太庞杂，缺乏为弱势群体公共信息服务的动力，造成了弱势群体公共信息服务水平不高、服务流程不规范、信息援助的力度不强、援助的途径与渠道单一化等问题。此类问题的有效解决都迫切需要政府、社会组织、企业，甚至普通民众多方协作，联合起来对弱势群体进行信息援助，督促弱势群体公共信息权益的落实。在公共信息服务过程中引入信息援助可以加快公共信息共享，切实关注社会弱势群体的利益要求，使得公共信息尽可能地流向弱势群体。信息援助人员能对信息技能较低的弱势群体提供长期的、系统的信息技能培训，并增设一些特殊化和个性化的公共信息服务。信息援助人员往往不计较个人得失，具有大公无私、助人为乐的精神，信息援助可以实现低费用或者免费提供公共信息服务。灵活多元的信息援助方

---

❶ Cutrona C E, Russell D W. Type of social support and specific stress: Toward a theory of optimal matching [M]. New York: John Wiley & sons,1990.

式可以为弱势群体提供多样化的选择，甚至实现一对一的个性化服务或者足不出户的上门服务。另外，在信息援助过程中引入了多方机构，能对弱势群体公共信息服务项目进行有效监管。首先，可以从法律层面保障弱势群体的公共信息权益，建立和完善弱势群体公共信息服务的法律体系。弱势群体信息权益法律监督是以各种信息法律、法规为基础而确立起来的监管框架，归属正式监督体系的范畴。有效的监管能对政府机构的行为进行督促，维护了信息援助行为的正义性，有效杜绝弱势群体公共信息服务中问题的发生。例如，2006 年美国政府对外发布了一些政府信息建设项目中的"管理监督名单"和"高风险名单"。❶第一种名单列举了需要重点关注的项目，而第二种名单则列举了存在较高风险的项目。这两份名单起到监督和警示作用，极大地方便了社会各界跟踪项目的进展。多方机构参与可以增强监督手段的公正性与执行力，清晰地规定监督的职责、监督的形式、监督的举措及监督的范围，并定期评估弱势群体信息援助的效果。总之，针对传统弱势群体公共信息服务的薄弱环节，引入信息援助的方法，对弱势群体公共信息服务活动方式和水平加以改善，弱势群体公共信息权益就能更好地得到保障。

3.2.3　有利于协调弱势群体的公共信息权益冲突

1998 年，诺贝尔经济学奖获得者阿玛蒂亚·森（Amartya Sen）认为："贫困是指对人类权利的剥夺。"❷弱势群体长期处于信息贫困的状态，他们的公

---

❶ 孙素君，郝建苓 . 美国政府电子政务建设模式及对我们的启示 [J]. 国土资源信息化，2007(6)：26-30.

❷ 刘晓霞，周凯 . 我国农村贫困标准的政策演进与立法研究——基于生存权、发展权的视角 [J]. 甘肃理论学刊，2013(7)：159-165.

共信息权益经常被忽视和剥夺。弱势群体公共信息服务的目标是利用信息援助的方式对公共信息资源进行恰当分配与合理调控，协调社会各主体之间的利益冲突，实现信息公平。这个目标的实现离不开公共信息权益的协调。权益协调遵循信息社会下的分配规则，通过公共信息在不同社会主体间的流动，将公共信息资源公平地分配，将公共信息权利合理地配置。权益协调能将特定历史时期、地域范围及社会阶层内的信息利益固化下来，并形成一定的利益格局，维持信息主体间信息权益的均衡状态。如果没有协调信息主体的权利与利益分配，将造成信息资源配置的不合理。强势群体容易垄断公共信息，无形中损害了弱势群体的公共信息权益，将造成公共信息利益分配上的失衡，信息不公平随之产生，数字鸿沟也进一步扩大。公共信息服务的对象是多元的，他们的利益有时候是冲突的，导致了公共信息服务中利益关系的协调更加复杂。利益协调与分配是否科学，将直接影响公共信息服务的成效。权益协调要对弱势群体的公共信息权益给予必要的补偿。弱势群体信息权益补偿的形式有多种，常用的方式有无偿提供电脑或者网络设备，或者免费提供信息技能培训。例如，丹麦的奈斯特韦兹市在全市开设了 6 个数据中心，提供免费电脑和互联网接入服务；同时，还开设了一个分散式教学网，用于电脑技能培训。❶

由于公共信息服务涉及的组织、机构、人员众多，权益协调需要清晰地界定社会主体信息权利的边界，维持各信息主体拥有利益的平衡状态，防止强势群体对弱势群体信息权益的占有和剥夺，解决弱势群体公共信息服务中的权利冲突与利益冲突。为了实现信息援助的战略目标，弱势群体公共信息权益协调在宏观层面要优化公共信息权益在层次、范围、类型、数量和比例上的布局，

---

❶ 杨玫. 电子政府与公众的信息行为 [J]. 情报杂志，2004(6)：66-68.

保障处于核心地位的整体利益和社会利益。公共信息权益协调的基本框架，要尽量顾及影响到社会长治久安的整体利益、公共利益、社会利益和长远利益，尽可能减少局部利益、个人利益、短期利益、部门利益与它们的偏离程度。对于弱势群体而言，利益协调不仅要考虑弱势群体的物质利益与精神利益的分配比例，也要考虑到弱势群体眼前利益与长远利益的平衡发展，力争促进弱势群体公共信息服务权益的长足健康发展。

3.2.4　有利于弱势群体的公共信息权益的可持续发展

由于主观或者客观因素的影响，弱势群体经济地位偏低，游离于政治边缘，缺乏文化知识，生活在社会底层，这给他们生产、生活的方方面面造成了影响，在信息时代最为明显的就是影响到他们的信息技能和公共信息服务的获取。弱势群体受到自身的受教育程度、信息技术素质、社会地位、生活环境、信息意识和信息环境的制约，不但在经济方面处于劣势，在信息领域也处于劣势，公共信息权益的发展面临困境。发展公共信息权益时采用信息援助的方法引导公共信息资源流向处于边缘地位的弱势群体。弱势群体公共信息权益的可持续发展可以从三方面入手：① 坚持互惠多赢。在公共信息援助的过程中，要尽可能促进公共信息的流通与共享，坚决反对信息霸权、信息垄断等信息不公平的现象，尽可能地让社会的各个阶层的利益都得到满足，让各个组织都能享受到公共信息带来的价值，特别是要惠及处于信息边缘的弱势群体，才能实现公共信息服务的健康运作和多赢发展。② 保证利益结构最优化。弱势群体公共信息服务的权益发展并不是要将利益平均分配给社会各信息用户，既要防止特权阶层垄断公共信息损害弱势群体的利益，又要防止一味地照顾弱势群体，盲目地灌输并不适用的或者他们根本消化不了的公共信息，而是要恰当地商定不同公共信息用户利益分配的最优比例，促进公共信息利益的合理配置与宏观结构的最优化。③倡导效率，兼顾公平。弱势群体公共信息服务的权益发展以公平原则为基础，维持公共信息利益在社会各主体的平衡状态。值得注意的是，在公共信息援助时，不能为了维护强势群体的公共信息利益而损害弱势群体的利益分配。同时，又要防止盲目地迁就弱势群体，无效支援造成社会资源的浪费。公平并不是吃大锅饭，在权益发展时也要考虑到信息利用的效率，协商制定出来的公共信息分配方案要灵活、有弹性。

总之，在公共信息服务中引入信息援助一方面可以缩小信息鸿沟，有助于弥补弱势群体信息素质的先天不足，调动弱势群体融入信息社会的积极性，活化信息阶层的结构性流动，最终形成缩小信息鸿沟的合力，努力修补"信息断层"，实现信息共享；另一方面可以推动信息公平，促进社会平等。作为弱势群体信息贫困问题的解决途径之一，针对弱势群体的信息援助旨在追求信息权利的平等，提升其整个群体的竞争力。引入信息援助的方法来维护和发展弱势群体的公共信息服务权益显得十分必要且紧迫。

3.3 弱势群体公共信息援助的原则

3.3.1 平等原则

托克维尔认为，民主最显著的特征就是身份平等，而且这绝不仅限于法权意义上的平等。公平原则是弱势群体公共信息服务所要遵循的首要原则。传统的公共信息服务没有专门考虑弱势群体的特殊情况，加之弱势群体自身条件的制约，无形中被排除，使弱势群体越来越不适应信息时代的要求，越来越被边缘化。而弱势群体公共信息服务考虑到弱势群体在公共信息获取和利用等方面的实际困难，开展有针对性的、专业化的服务，使弱势群体享受到信息化的成果，有助于保障他们平等地享有公共信息服务的权利，促进信息公平的目标实现。随着弱势群体获取和占有的信息资源量的增加，也增加了他们的就业机会、拓宽了他们的知识面，提高了他们的文化素质，有利于他们改变被忽视、被边缘化的社会地位，促进他们在社会阶层上"向上流动"。在弱势群体公共信息服务过程中，应当平等地对待弱势群体，信息援助时不能以高高在上的施舍心态，不能急功近利，要尊重弱势群体的人格，认真倾听他们的心声。训练弱势群体信息技能时应该深入浅出、循序渐进、因势利导，最好分阶段、有计划地实施，避免弱势群体产生畏难或自卑的不良情绪。

3.3.2　信息无障碍原则

信息无障碍要求在公共信息的获取或利用的时候不存在"瓶颈"和困难。在公共信息发布的时候要尽量做到全面和及时，方便弱势群体自由、通畅地获取信息。在设计政府网站的时候，布局尽量不要太复杂，不要给弱势群体造成视觉混乱或者阅读障碍，要让弱势群体快速地查询到关键的公共信息。为了落实信息无障碍原则，不少国家和地区都规定了信息无障碍的法律、原则或标准。例如，1961 年，美国制定了世界上第一个"无障碍标准"。美国《2002 电子政务法》的 Section202 规定："提供政府信息服务时要充分考虑使用互联网有障碍的群

体，尽可能保证政府的信息和服务为这些群体获得，并寻找可替代的模式。"❶
中国香港特别行政区于 2005 年 9 月 2 日推出《信息无障碍网站标准》。2008 年
我国制定了第一个信息无障碍相关标准——《信息无障碍—身体机能差异人群—
网站设计无障碍技术要求》，随后又出台了《手柄电话助听器耦合技术要求和测
量方法》和《信息无障碍标准体系框架》。2009 年 9 月 1 日起开始正式实施由
CCSA 制定的消除信息障碍的行业标准——《信息终端设备信息无障碍辅助技
术的要求和评测方法》，通过这些措施来搭建我国信息无障碍标准的体系。地方
政府也出台了一些关于信息无障碍的指导意见和方案。例如，广东省发布了《关
于加快推进信息无障碍建设的指导意见》，天津市发布了《天津市无障碍建设
"十一五"实施方案》。

　　弱势群体的公共信息服务主要针对弱势群体，而弱势群体有一部分为残障
人士。弱势群体公共信息服务要特别注意对残障人士展开信息援助，帮助他们
克服生理方面的各种障碍。在公共信息服务的政策制定时，要考虑到他们的不
便之处。例如，国际互联网协会下属的网页无障碍组织根据残障人士访问网页
的要求而制定了相关技术标准。英国颁布的"电子政务互通性方案"规定公共
信息服务必须考虑向残障人士、少数民族和那些存在数字鸿沟风险的人们提供
方便❷。

　　这些信息无障碍法律、原则或标准为基础理论研究、信息无障碍标准化研
究、信息无障碍产品制造与社会推广和信息无障碍专项服务勾勒了基本的框架，
为信息无障碍建设奠定了基础。

---

❶　章品，赵媛.美国信息无障碍法律法规研究 [J].情报理论与实践，2010(5)：117.

❷　The Transformational Government Technology Policy team. E-Government Interoperability Framework
　　Version 6.1 [S/OL].[2013-06-23].http://www.e-envoy. gov.uk/publications/frameworks/egif4/egif4.htm.

3.3.3　普惠性原则

普惠性是弱势群体公共信息服务所要实现的效果。推行公共信息服务不但要使社会的精英阶层等强势群体获得好处，更为重要的是要帮助弱势群体提高信息技能、培养信息素养，让这个常被忽视的、被边缘化的群体也能享受到信息化的福利，这样才真正实现了公共信息服务公平、公正的目标。为了实现普惠性的目标，一些国家和组织制订了一些有针对性的计划并实施了一些具体的方案。例如，欧盟发起"电子政务惠及全民"活动，遵循信息无障碍标准优化服务设计；利用互联网、电话、数字信息亭和数字电视等交互设备多渠道传播信息；开办正式和非正式的教育与培训，提高公众数字技能、信息素养；推动全民获得和使用公共服务 ❶。弱势群体因为经济收入低，很多时候无力支付购买公共信息产品的费用，为了真正落实普惠原则，对弱势群体应给予无偿援助，即使万不得已要收取费用，也只能收取成本费，而不应以盈利为目的。

3.3.4　以弱势群体为中心原则

以用户为中心的理念如今已经得到广泛认同，目前是进行政府服务和公共信息服务所要坚持的基本原则。美国《2002 年电子政务战略》中指出："过去以政府为中心的做法已制约了政府生产力的提高，限制了为公众服务的能力，必须转变为'以公众为中心'的新模式。"❷ 欧洲国家政府电子化服务的口号之一就是"以公众需求为中心"，把公共利益作为出发点和落脚点，按照公众的需

---

❶　石怀成，黄鹏，杨志维 . 国外推行电子政务公共服务的主要理念 [J]. 信息化建设，2007(7)：36.

❷　石怀成，黄鹏，杨志维 . 国外推行电子政务公共服务的主要理念 [J]. 信息化建设，2007(7)：38.

求建设政府电子化服务项目，从而较为全面地满足了公众的公共服务需求 ❶。西班牙巴伦西亚地区智能社区成功的关键在于它是按照"与用户日常生活息息相关"的思想设计的 ❷。英国和新加坡政府门户网站就是根据公民的人生事件的时间顺序，按照生命过程中的各个阶段可能遇到的、需要与政府打交道的全部问题来设计网站，向公众提供服务。❸

以用户为中心的原则要求信息援助的针对性更强，主要集中于弱势群体，所以在公共信息服务时更应把握弱势群体的特征，更要理解弱势群体公共信息行为的特点，运用多项技巧、循序渐进地为弱势群体开展个性化的公共信息服务。我国各地的信息发展状况极不均衡，弱势群体的信息素质参差不齐，他们的公共信息需求也因人而异，这就要求信息援助必须立足于当地弱势群体的信息素养和客观条件，从造成其弱势的根本原因进行深入分析，最终以多元化的方案呈现，以此适应不同类型的弱势群体的要求，不断提高信息技能、培养信息素养、增强信息利用能力，弥补传统服务方式的薄弱环节，充分保障弱势群体信息权益的最大化。

3.3.5　长期性与稳定性原则

弱势群体公共信息服务是一项艰巨的工程，实施的难度较大，需要政府和社会投入大量的人力、物力、财力给予弱势群体无条件的优惠和支持。弱势群体公共信息服务意义重大，但不能一蹴而就，是一项长期性战略任务，保持其

---

❶　石怀成，黄鹏，杨志维．国外推行电子政务公共服务的主要理念 [J].信息化建设，2007(7)：38.

❷　杨玫．电子政府与公众的信息行为 [J].情报杂志，2004(6)：66-68.

❸　杨玫．电子政府与公众的信息行为 [J].情报杂志，2004(6)：66-68.

延续性与传承性是这项工程的内在要求。信息援助应当被纳入公共信息服务中，避免信息援助成为流于形式的突击式"政绩工程"。只有信息援助具备了长期性与稳定性，弱势群体公共信息服务才能成为真正服务于弱势群体的民生工程，才能实现对弱势群体信息权利的人文关怀。

3.4　弱势群体公共信息援助的着力点

尽管公共信息权利的维度很广，信息财产权、信息隐私权、信息安全权等对于社会底层的弱势群体来说问题不是很突出，而弱势群体对于信息平等权、信息知情权、信息表达权、信息使用权这四个方面的要求很迫切，弱势群体的信息权益保障与发展可从公共信息平等权、公共信息知情权、公共信息表达权、公共信息使用权这四个维度展开。

3.4.1　维护弱势群体公共信息的平等权

平等意味着社会主体权利实施方面的无差别性，描述了社会主体拥有利益方面的平衡状态，体现了对人权的尊重。信息平等权（Right of Information Equality）是平等理念在信息社会的延伸，是信息时代中公民信息权益的基石。信息平等描述了社会主体在信息活动过程中合理地分配信息权利、利益而形成的一种平衡状态。公共信息服务的对象是全体公民，无论居住在繁华的城市还是居住在边远落后的乡村，无论富有还是贫困，无论健康还是疾病，所有参与公共信息活动的主体应该处于平等的地位。正如深圳市南山图书馆开馆宣言中提出的"为所有人服务"的口号，就体现了对公共信息平等权的尊重。

公共信息平等权是指公民在公共信息活动中依法享有同其他公民一样的平等权利，主要由公共信息权利平等、公共信息机会平等和公共信息分配尺度平等三方面组成。① 公共信息权利平等是指在公共信息面前人人平等，主体在公共信息活动中资格的平等。每个公民依法享有同其他参与者一样的平等权利，不因其国籍、出身、阶层、地位、年龄、政治见解或者宗教信仰的不同而被区别或歧视性对待，任何个人或组织不能妨碍他人的公共信息活动。② 公共信息机会平等属于起点平等的范畴，是指每个公民获得公共信息资源和享受公共信息服务的机会是一样的，进入流通领域的公共信息应该对全体公民平等开放，都能平等自由地获取包括政府信息、文化信息、新闻资讯在内的各种类型的公共信息。例如，英国政府实施的"IT for ALL"项目就是为了向各年龄段、各种背景的人学习信息技术提供机会 ❶。这个项目体现了公共信息机会平等的理念。③ 公共信息分配尺度的平等是指为不同信息主体提供公共信息服务时遵循等同的标准与规则，配置公共信息资源时以信息公平为理念，公平合理地分配信息资源。总之，平等是追求公共信息权利的根本出发点，也是公共信息权利保障的最终归宿。

信息平等不是绝对意义上的平等。事实上由于每个公民的信息技能和拥有社会资源的差别，接触到公共信息的机会实际上也是因人而异的，比如经济条件差的弱势群体就很难获得需要支付高额费用的公共信息。为了促进信息平等、弥补信息鸿沟，公共信息权利要合理地配置、公平地分配，要惠及参与公共信息活动的全体，特别要关注"边缘群体"的权利，对弱势群体的公共信息利益给予特殊的照顾。弱势群体的公共信息服务权益保障首先要维

---

❶ 邱晓琳. 我国信息政策法规国际兼容性研究——电子政府 [J]. 情报理论与实践，2003(2)：129-131.

护弱势群体的公共信息平等权，这不仅是对弱势群体的维护与尊重，而且影响信息公平的实现。具体而言，可以从以下几方面入手：在资源层面，要合理地配置公共信息资源，从而保证弱势群体获取公共信息机会的平等性；在服务层面，在公共信息服务活动过程中遵循统一的标准和原则；在法理层面，要确保公共信息权利体系的公平性与正义性，保证公共信息权利的合法行使，严格杜绝公共信息权利的失范行为，帮助弱势群体声张和争取公共信息权利；在制度层面，明确弱势群体信息权利主体的地位，保障弱势群体的公共信息权益。当弱势群体的公共信息利益受到损害时，可利用对应的信息权利救济制度维护自己合法的公共信息权益。

3.4.2　加强弱势群体公共信息的知情权

在信息社会，知情权（Right To Know）已经成为国际法、各国宪法和法律所规定权利，也是弱势群体应该享有的一项基本信息权利。知情权又被称为接触权、了解权、得知权、资讯权或知悉权 ❶，在广义层面指公众应该享有的查询、获取和传递信息的权利；在狭义层面指公众应该享有的获悉有关信息的权利。信息知情权的观念最早出现于美国 1787 年费城制宪会议上，与会者詹姆斯·威尔逊认为："国民有权知道其代理人（Agents）正在做或已经做的事，对此绝不可仟由秘密进行议事程序的立法机关随意妄为。" ❷ "不能为人民提供信息，或人民没有办法得到信息的政府，只是一出闹剧或悲剧的序幕，或者除此两者之外

---

❶　王晓璐 . 论公民知情权的法律保障 [D]. 郑州：郑州大学，2011.

❷　刘莘，吕艳滨 . 政府信息公开研究 [J]. 政法论坛，2003(4)：146-155.

什么也不是。"❶ 1945 年，美国新闻记者肯特·库柏针对由于战时新闻管制导致报道失实的情况，第一次正式提出了"知情权"这一概念❷。知情权是法律赋予并加以保障的获知有关信息的权利。1948 年的《世界人权宣言》将知情权确定为基本人权之一。

有知情权，就有相互提供信息的义务❸，政府信息公开是进行公共信息服务的前提，也认可和保障社会公众包括弱势群体知情权的具体行动。知情权影响着弱势群体其他权利的实现，因为弱势群体要想享有或者实现自己的权利必须首先了解与这些权利相关的法律、法规、政策信息，而这些信息都是政府信息公开的内容。但弱势群体通常孤陋寡闻、信息闭塞，很难获得这些信息，以至于他们不清楚自己拥有什么样的权利，如何行使这些权利、权利是否遭到了侵害、如何维权等。在这种情况下，弱势群体的各项权利都无法得到有效的保障。一旦弱势群体了解、熟悉与自身权利相关的信息，情况就会好转。如西蒙·诺拉和阿兰·孟克指出："一切能使人接触信息的机会增多的事，都将使人们有更多机会参与社会事务，使个人的责任心加强，使弱者和'小人物'有更大力量抵抗'巨人国'或有财有势的豪门的侵犯。"❹ 由此可见，推进政府信息公开有利于保障弱势群体的知情权。

对弱势群体来说，比较重要的信息类型之一是政府信息。建立和健全政府信息公开方面的法律与制度是确保弱势群体知情权的前提和基础。各国政府部

❶ Norman S. Marsh. Public Access to Government-held Information:A Comparative Symposium[M]. London: Stevens&Son LTD，1987:4.

❷ 张栩 . 新闻侵权之抗辩事由研究 [D]. 福州 : 福建师范大学，2008.

❸ Manfred Berg, Martin H Geyer. Two Cultures of Rights:the quest for inclusion and participation in modern American and Germany[M]. Cambridge :Cambridge University Press, 2002 : 208.

❹ [法] 西蒙 . 诺拉，阿兰 . 孟克 . 社会的信息化 [M]. 北京 : 商务印书馆，1985 : 11.

门都制定了相应的法律、法规将信息公开作为一项政府必须履行的义务，为弱势群体的知情权提供了法律制度方面的保障。例如，瑞典最先出台了《出版自由法》，随后其他国家纷纷效仿。芬兰于 1951 年颁布了《公务文书公开法》；美国于 1996 年颁布了《电子信息自由法》；挪威 1970 年颁布了《政务公开法》；丹麦和法国分别于 1970 年和 1978 年颁布了《行政文书公开法》；加拿大 1982 年颁布了《信息公开法》；澳大利亚 1982 年颁布了《联邦信息自由法》；日本 1999 年颁布了《信息公开法》，我国也出台了《政府信息公开条例》。信息公开程度高时，弱势群体有机会接触到的公共信息越多。因此，要保障弱势群体的知情权首先要扩大政府信息公开的力度，将政府的法律、法规、方针、政策在第一时间传达到弱势群体手中。在操作层面，政府机构应该对政府信息公开的流程进行规范化管理，给予弱势群体特殊的关照，使政府信息公开工作落到实处。

当弱势群体获取公共信息存在障碍时，可引入信息援助的方法，将这些公开的政务信息直接推送给他们。如果弱势群体缺乏救济途径，那么公共信息知情权保障就仅仅只是一种"空洞的言词"（empty rhetoric）。弱势群体的信息援助是对信息权利救济制度的践行，是公共信息知情权实现的程序化保障。在对弱势群体进行信息援助时要尽量采用减免费用的形式，一则由于公共信息本身带有公共财产的性质，任何个人或机构不能以此谋取利益，即使要收费也只能收取一定的成本费用；二则由于弱势群体的生活困窘、收入不高，急需减免费用。例如，2009 年 1 月 1 日起，自贡市图书馆免费开放。2009 年 3 月 1 日舟山市图书馆开始推行"零费用无障碍"借阅 ❶。

弱势群体信息援助可综合采用以下的渠道和途径。①政府公报。政府机关

---

❶　浙江省文件厅. 舟山市图书馆 [EB/ OL]. [2013- 09- 11]. http://www.zjwh.gov.cn/fwxx/tswh/1zss/38952.htm

将可以公开的政府信息以政府公报的形式公布，弱势群体阅读政府公报即可获知政府制定的相关法律、法规、方针、政策。②建设专门的弱势群体公共信息援助网站，网站支持"傻瓜式"的操作方式，以简单明了的形式发布信息，并配有详细的上网操作指南，帮助弱势群体提高网络查询公共信息的技能。③大众传媒。大众传媒是一个覆盖面较广的公共信息传播方式，弱势群体如果无法采用互联网的方式查阅，大众传媒机构可以以图书、广播、报纸、电视报道等传统方式向弱势群体传递公共信息。④旁听。当弱势群体不理解有关政策信息时，可以邀请他们参加或旁听政府机关和公共机构的各种会议，从而加深对这些公共信息的理解。⑤通告。公共信息服务机构可以将相关的公共信息通知或告诉需要此信息的弱势群体。⑥设立固定的公共信息发布厅，定期发布与弱势群体生产生活息息相关的信息。例如，上海的一些区县就在公共场所设置了"触摸屏"来发布公共信息，信息更新的周期为两周，重点解读政府政策文件、为公众解惑答疑，号称"生活百事通"，连不会用计算机的老人也能操作自如。⑦设立专门的弱势群体公共信息援助热线，支持 7×24 小时的公共信息咨询服务，解决弱势群体查询、利用公共信息方面的障碍。

3.4.3 促进弱势群体公共信息的表达权

信息表达权（Right of Information Expression）是指公民在法律规定的范围内，使用各种方式表明、显示或传播思想、情感、意见、观点、主张，而不受他人干涉、约束的权利，也称为信息自由表达权、表达权等 ❶。虽然在现代社会，人人都有言论的自由，可以在不违反法律规定和不损害他人利益的前提下充分

---

❶ 李昊青. 现代权利价值语境中的信息公平与信息权利 [J]. 图书情报工作，2009(11)：46-49.

表达自己的主张，但是无名小卒或者个体的言论影响力十分有限，在公共事务中缺乏话语权。社会舆论代表的都是精英阶层或者强势群体的观点，而弱势群体的话语权的表达一直不通畅，他们的观点、看法、意见没有得到充分体现。这种局面产生的原因一方面是弱势群体知识水平有限，没有掌握丰富的公共信息，有的弱势群众处于文盲和半文盲状态，不知道该如何表达自己的话语权；另一方面是弱势群体的公共信息传播、信息发布渠道不健全，弱势群体不知道通过什么方式表达自己的话语权。

　　信息援助过程中不但要为弱势群体提供丰富的公共信息，帮助弱势群体充实自身，而且还要帮助弱势群体争取公共事务决策中的话语权。大众传媒可以成为弱势群体公共信息权利表达的有效工具。大众传媒既包括传统的报刊、广播、电视又包括新兴媒体——互联网。大众传媒在帮助弱势群体信息权利表达方面具有明显的优势，其优势主要表现为：一是权威。在报纸、广播、电视上发布的公共信息一般而言比较正式，尤其是新闻报道中的信息都是经过严格审核、层层把关的，要求准确、严谨、真实，具有很高的权威度。如果弱势群体的言论能在主流的刊物、广播、电视上发表的话，就等于抢占了公共舆论的制高点。二是效率高。目前随着媒体出版、发表周期的缩短，报刊、广播、电视的时效性明显加强，网络媒体在信息传播速度方面更具有不可比拟的优越性，公共信息发布和更新的速度甚至是以秒为单位。这些优点都使弱势群体的观点能够迅速地传播和表达。另外，由于网络的双向互动性，政府决策者和弱势群体可以即时交互意见，节约了信息传播的成本，有效避免了信息层层传达的失真，能将最符合弱势群体利益的声音直接传递给政府高层决策者，使政府决策尽量代表弱势群体的利益，维护弱势群体的权利。三是影响力大。社会舆论的影响力是无形的，其力量也是巨大的。弱势群体的观点、看法、主张等能快速地流传，能够在短时间内覆盖社会网络的各个节点、营造声势，聚焦为社会的热点话题，从而形成强大的舆论压力，迫使政府决策时密切关注弱势群体的权益。

不过目前的困境是：传统的大众传媒往往只重视"精英阶层"和"强势群体"。传统传媒要放下身段，多听听弱势群体的声音，多代表弱势群体的利益。新兴的网络媒体为弱势群体的信息表达带来了契机，与高高在上的传统媒体相比，网络媒体更亲民，更有利于弱势群体的参与。信息援助时需要重视利用新兴媒体——互联网的力量，引导草根型的网络媒体更好地为弱势群体服务。弱势群体一般习惯于被动地接受信息，信息援助时也要引导弱势群体主动争取自己的公共信息表达权。弱势群体信息援助促进了其信息获取量不断增加，知识面不断拓宽，知识水平和能力素质都得到提升，并为弱势群体打下了展示学识、发表言论、表达观点的基础。弱势群体信息援助也需要多提供公共信息交流的平台，比如在一些政府的宣传栏或者政府门户网站上开设针对弱势群体的窗口，让弱势群体自由交流，对政府决策、公共事件、自身福利等问题发表意见，为弱势群体打造专门的公共信息表达平台。政府机关进行行政决策时，也可邀请弱势群体参与政府决议的过程，听取弱势群体的意见。

3.4.4 发展弱势群体公共信息的使用权

公共信息属于社会公共物品的范畴，尽管公共信息看似"取之不尽，用之不竭"，但是公共信息的采集、处理、加工、开发、建设过程都需要耗费大量人力、物力、财力。在信息流通领域，任何组织或个人对公共信息的垄断和占有必将对弱势群体公共信息利用造成障碍，都会影响处于社会底层的弱势群体的信息权益。

保障弱势群体公共信息使用权，首先，要从源头上抓起，防止任何组织或个人对公共信息的垄断或独占。目前，我国信息行业存在一定程度的垄断现象，造成了上网费用高、网络基础设置配备不均衡等问题，政府部门可以通过制定一系列政策（如罚款、补贴等）打破市场垄断局面，引入价格竞争机制，推动公共信息服务向高质量、低价位发展，保障弱势群体充分享受到信息时代的便捷。企业可以通过公共信息的商业再开发而获得利润，但政府部门应该规范公共信息商业化开发的流程，防止某些组织或机构控制公共信息价格、数量和质量，或者用信息技术垄断的手段限制公共信息的传播。公共信息商业化开发后形成了新的知识产权，在知识产权的保护与实施过程中，既要维护知识产权人合理的权利，鼓励他们对公共信息进行再开发和再加工的创新精神，又要兼顾无力支付信息产品费用的弱势群体的公共信息权益。在知识产权保护和保障弱势群体公共信息的基本需要之间做一个平衡，协调两者的利益冲突，使之达到一个恰当的平衡状态。

弱势群体由于经济困窘、收入微薄而缺乏基本的信息设施，例如缺少电视机和家用电脑，无法使用互联网等。信息援助时可对他们采用公共财政拨款、财政补贴和信息优惠政策。例如，英国计划兴建 1000 个信息技术培训中心，将经过改造的计算机租给英国 10 万户最贫困的家庭，并在每个社区建立一个公共互联网服务站❶。还可以动员社会力量，开展手机、电视机、电脑下乡活动，购置新的电脑和信息设备供弱势群体免费使用。例如，中国移动福建公司开展了手机下乡活动，为农民提供购机补贴和话费优惠，让收入相对较低、消费能力

---

❶　肖榕. 上海市创建信息公平城市的思路与对策研究 [D]. 上海：华东政法大学，2009：4.

有限的农民也能买得起、用得好手机。2016 年 1 月，江苏移动连云港灌南分公司组建志愿服务队开展"4G 手机送下乡"活动，为百姓提供惠民服务❶。如果信息援助的经费有限，还可以利用废旧资源，开展"电脑再使用计划"，回收旧电脑并加以维修之后再捐赠。

　　弱势群体有不同的类别，不同类型的弱势群体的公共信息需求是不一致的，因此在信息援助时要按照不同类别的弱势群体的公共信息需求来提供有针对性的服务。调查发现，要多为农民提供养殖信息、农业信息、科技信息、农产品销售信息等，对就业困难的人群，提供招聘信息、劳动技能培训及劳动权益保护方面的法规、政策等。残障人士和老年人都比较重视健康信息、保健信息、医疗信息及社会保障信息，公共信息服务时要把这些信息在第一时间传递到他们手中、供他们使用。与正常人相比，残障人士和老年人在获取公共信息服务时对服务方式、服务手段、服务渠道的要求更为专业化。在信息援助时，如果不增设信息无障碍设施，提供特制的书籍或者语音阅读器之类的设备，那么，老年人和残障人士要想便利地获取和利用公共信息服务是不现实的。信息援助时需要为视障人士多提供盲文、视听资料等特种文献，为聋哑者提供手语说明，为肢体残障的人提供无障碍通道和特殊的辅助操作计算机的工具。例如，上海的一些区县就实施了信息无障碍项目，帮助盲人在读屏软件的指导下，顺利上网，设计了专门的残障人士网站，让残障人士上网了解政策法规和政府项目。如果残障人士行动不便，还可以提供上门服务，保证他们也能便利地获取公共信息资源。信息援助时需要为老年人提供更为周到的公共信息服务，为他们配备大字书、屏幕放大器等设备，丰富老年人信息提供的种类，让所有老年人都能找到他们感兴趣的信息。对于城乡低收入人群，信息援助时需要提供一些无偿援

❶　张杰．连云港移动开展"4G 手机送下乡"活动 [N]．人民邮电报，2016-01-06.

助措施，让他们享受到免费的公共信息服务。为少数民族群体也要提供用民族语言编译的公共信息或者提供少数民族文字转换设备等，以方便他们自由转化为自己熟悉的语言格式。最好能够按照用户的喜好、习惯和需求制定公共信息服务，以充分保障弱势群体的公共信息利用权。

其次，保障弱势群体公共信息的使用权，也要从用户端入手，帮助弱势群体遵守信息法律法规的要求，规范弱势群体使用公共信息的伦理道德，知晓"有所为，有所不为"。信息法律法规是弱势群体进行公共信息利用活动的准绳，但弱势群体的辨别能力较弱，对法律法规的认知度较低，有时候即使违背或侵犯了法律法规也不知晓。例如，有人收到谣言就顺手转发，传播虚假信息，但自己还不知晓这是违法行为，处于无意识的状态。因此，公共信息服务人员要从两方面入手，一方面帮助弱势群体了解相关的信息法律、规章，另一方面帮助弱势群体树立自觉遵守信息法律、规章的意识。信息法律法规是刚性的约束，不可能面面俱到，信息伦理道德是弹性的要求，具有可拓展性。比如，网络语言暴力或者网络聊天中骂脏话，没有触犯信息法律，但是违背了信息伦理。信息伦理的形成依托于人们内心的自我约束，具有较高的道德要求。信息援助人员还需要对弱势群体进行思想教育，提高弱势群体的道德水平和自我修养，从精神层面上帮助弱势群体建立正确的信息伦理观念，促进公共信息能被弱势群体健康有序地使用。

第4章　弱势群体公共信息
援助的实践举措

弱势群体信息服务的理论在宏观层面对弱势群体信息援助、公共信息服务活动进行指导，而弱势群体信息服务的实践部署在微观层面为弱势群体信息援助、公共信息服务做出细致安排。在实践层面上，弱势群体信息服务针对弱势群体突出的信息障碍，联合政府、企业、图书馆和档案馆等事业单位及各种社会组织的力量，加强公共信息服务的能力，为弱势群体提供系统的、便捷的公共信息服务。同时，从根本上改善弱势群体的信息行为，提高他们信息选择、甄别、整合与利用的能力，为解决信息鸿沟问题，帮助弱势群体发展发挥重要作用。

4.1　弱势群体公共信息援助的流程安排

从弱势群体提出公共信息需求，到搜寻公共信息、交流信息，挑选有价值的信息，吸收利用信息，构成了弱势群体完整的公共信息行为链。为了提升弱势群体信息能力，在公共信息援助和公共服务信息中，要采取一定的策略，对公共信息内容精挑细选，促进他们利用相关信息，优化弱势群体的行为，以便更好地满足弱势群体的公共信息需求。在宏观层面，一定要加强公共信息资源储备，帮助弱势群体扫清信息障碍、打造良好的公共信息环境；在微观层面，需要有针对性地了解弱势群体的特殊性和差异化的公共信息需求。弱势群体信息援助的操作流程可依据项目管理的方法进行，将整个信息援助过程看作一个项目周期，弱势群体公共信息援助流程如图 4.1 所示。

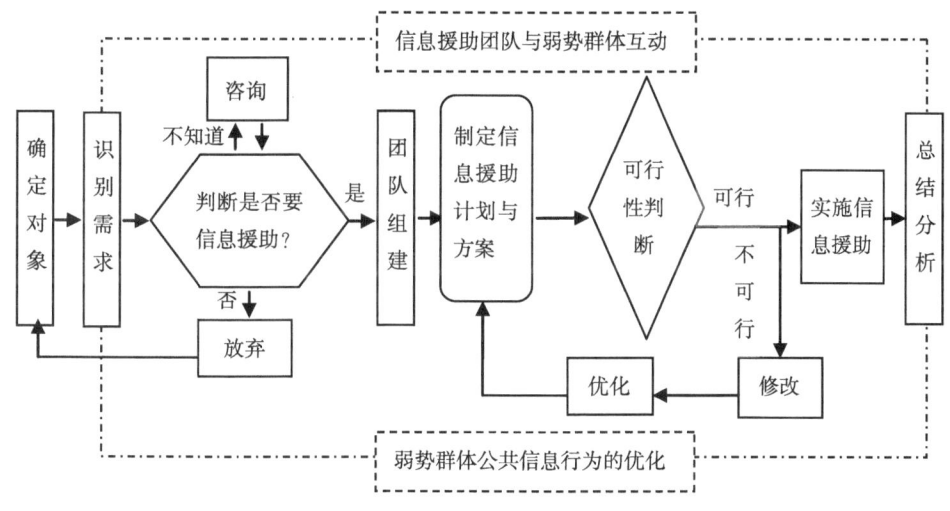

图 4.1　弱势群体公共信息援助实施流程

目前，需要信息援助的弱势群体还很多，信息援助无法面面俱到，在经费、人手短缺的情况下，只能服务于特定区域的部分对象。在开展信息援助之前要挑选合适的信息援助对象，指定援助的对象、设定服务的区域范围。弱势群体信息援助活动有标准的工作程序，也支持信息援助人员根据自己的想法来自由发挥。不过，弱势群体信息援助的难度较大，对信息援助的要求比较高，不但要详细了解弱势群体的特点，还要对援助过程实施监控并开展事后评估。弱势群体信息援助实施时要着重考虑以下几个问题：① 弱势群体对信息援助都感兴趣吗？② 是否已经确定弱势群体的公共信息需求？③ 是否充分了解弱势群体的公共信息行为习惯？④ 是否已经制订了弱势群体公共信息援助方案？⑤ 是否已经确定并发布弱势群体信息援助进度表？⑥ 谁负责跟踪信息援助的进展？⑦ 信息援助实施的周期多长？⑧ 信息援助的效果怎么样？

4.1.1 识别弱势群体的公共信息需求

信息援助之前要详细了解弱势群体的公共信息需求。明确了需求，也就明确了公共信息服务所需要解决的问题，从而找到了行动的突破口和努力的方向。当弱势群体体会到公共信息的价值同时察觉到自身信息的不足时，在这双重刺激下就可能会萌生获取公共信息、拥有公共信息的意识，产生了公共信息需求。公共信息需求的产生主要与弱势群体的信息意识紧密相关。信息意识是公共信息在人脑中的客观反映，体现了弱势群体对信息环境的认识水平和感悟力，反映了弱势群体对信息技术、公共信息资源价值的态度判断。信息意识强的人，能敏锐地认识到公共信息的重要性，可能产生强烈的信息需求，自发地搜寻、利用公共信息，挖掘信息蕴含的价值。

弱势群体的公共信息需求识别，可以依托于弱势群体公共信息需求的类型定位，首先要明确哪些需求是弱势群体一般性的公共信息需求，哪些是因人而异的特殊性的需求。弱势群体能否将自己脑海中潜在的公共信息需求准确、充分、清楚地展示出来，与弱势群体的理解能力、知识结构、智力水平、表达能力、信息技能等因素有关，也受各种客观环境如公共信息资源建设水平与公共信息服务水平的影响。由于主观因素和客观环境的制约，弱势群体所认识到的公共信息需求可能是片面的，甚至完全错误。即使认识不存在偏差，由于文化水平和沟通能力的欠缺，弱势群体可能无法将公共信息需求完整、准确地表达出来，所以为了满足弱势群体这种表达不准确或者不充分的公共信息需求，信息援助人员需要激发弱势群体潜在的信息意识，鼓励弱势群体将自己的公共信息需求表达出来，并且转化为寻求信息的实践。公共信息需求一般由弱势群体自己提出，但弱势群体的知识水平与认知能力有限，信息援助人员要为弱势群体补充他们尚未意识到的潜在公共信息需求及未来有可能出现的长远信息需求，可以用颜色标注这些信息需求的状态。例如，红色表示"弱势群体提出的最紧急的公共信息需求 / 必须赶快行动"；蓝色表示"暂时没必要考虑的公共信息需求 / 可以忽略"；黄色表示"弱势群体有必要关注而他们目前没有意识到的公共信息需求 / 注意提醒关注"；绿色表示"弱势群体未来的公共信息需求 / 注意密切跟踪"。

　　掌握弱势群体的公共信息需求后，要掌握弱势群体的信息技能、信息状态、当地的信息基础设施等情况，以便综合判断采用信息援助的方式是否适合。可以围绕以下几个关键问题进行判断：① 间弱势群体的公共信息需求比较迫切。② 表传统的公共信息服务没有针对弱势群体。③ 弱势群体单凭自己的力量无法搜寻、利用公共信息。④ 弱势群体找不到人员来帮助他们解决所面临的公共信息障碍。⑤ 弱势群体面临着信息焦虑的心理。⑥ 弱势群体忍受着信息贫困，但不知道如何应对。⑦ 当地的公共信息基础设施欠缺。⑧ 弱势群体与其他群体之间的信息鸿沟进一步拉大。如果出现了上述现象就可以决定开展信息援助。如果无法做出准确判定，可以咨询相关专家，如果不是很有必要采取信息援助时就主动放弃，从而重新选择信息援助的服务对象和服务区域。

4.1.2　制定满足弱势群体公共信息需求的策略

弱势群体公共信息的满足受客观因素和主观因素的共同作用。如前所述，影响弱势群体公共信息需求实现的主要因素包括五个方面，分别为：信息环境因子、经济因子、公共信息服务因子、信息素养因子、信息权益保障因子。弱势群体公共信息需求的满足策略可以从这五个维度出发。

为了优化信息环境，政府部门要发挥主导作用，继续完善信息无障碍、政府信息公开方面的政策、法规，进一步扩大政务信息公开的广度和深度，完善信息基础设施建设，特别是老少边穷地区的信息基础设施，为弱势群体公共信息需求的满足创造公平的信息环境。在经济方面，要加大信息投入，提高弱势群体的收入，降低他们获取公共信息的成本及弱势群体公共信息服务的运作的成本。在公共信息服务上，需要提高信息服务的技术与方法，为弱势群体尽量提供全面的、有针对性的、新颖的公共信息，提升公共信息服务的质量。为了提高弱势群体信息素养，信息援助人员需要帮助弱势群体挖掘信息的价值，促进他们信息意识的提高，让他们准确、清晰地意识到并且顺利表达出自己的公共信息需求，提高他们公共信息搜寻、公共信息交流、公共信息选择、公共信息利用的能力与技能。在信息权益保障方面，弱势群体公共信息援助要着重保障弱势群体信息平等权、信息知情权、信息表达权和信息自由使用权。

4.1.3　信息援助团队与弱势群体展开互动

传统的公共信息服务针对普通用户的大众化需求，忽视了弱势群体公共信息需求的特点，没有以弱势群体易于接受的方式开展活动。弱势群体公共服务化被动服务为主动服务，在满足弱势群体信息需求、优化弱势群体信息行为的过程中离不开信息援助团队与弱势群体的密切互动，在信息援助过程中随时要交互信息，弱势群体与信息援助团队的主要互动行为如图 4.2 所示。

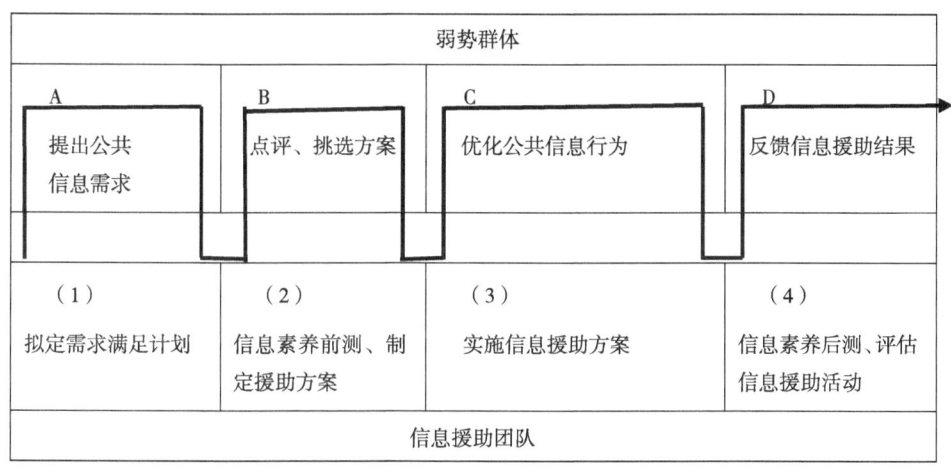

图 4.2　信息援助团队与弱势群体的互动行为

弱势群体的信息援助是以弱势群体与信息援助团队之间的高度互动为基础展开的。首先，弱势群体提出自己的公共信息需求，指明自己需要重点获得什么类型的公共信息或者需要提高哪方面的技能，由弱势群体信息援助团队在协商的基础上，提出拟解决的关键问题，拟订需求满足计划，为制订信息援助方案奠定基础。信息援助团队不但要关注弱势群体提出的公共信息需求，还要判断哪些是他们未说出却有必要提供的公共信息需求，哪些是弱势群体未来需要的但目前没有意识到的公共信息需求，信息援助人员在此基础上选择适合的信息服务模式，制订出信息援助的方案，并将方案展示给弱势群体点评。

弱势群体由此判断信息援助团队为他们补充或预测的公共信息需求是否符合他们的实际，判断制订的信息援助方案能否顺利地实施，是否能解决他们的实际问题，是否对他们的生产生活提供帮助。随后弱势群体挑选出符合自己需求的信息援助方案。信息援助方案并非一开始就能做到尽善尽美，信息援助团队在弱势群体点评的基础上进一步修改完善，努力实现信息援助方案的最优化。信息援助工作者深入思考，待到信息援助方案比较成熟、完善时，由团队领导者敲定方案，开始实施。

在实施弱势群体援助方案之前先对弱势群体的信息素养进行前测，主要测评弱势群体的信息意识、公共信息搜寻能力、公共信息交流能力、公共信息选择能力、公共信息利用能力及信息道德水平。在信息援助时帮助弱势群体树立良好的信息道德与信息伦理，不断优化自身的信息行为，从优化公共搜寻信息行为、公共信息交流行为、公共信息选择行为、公共信息利用行为入手。弱势群体接受信息援助获得了需要的信息，提高了信息技能，在此基础上对弱势群体的信息素养进行后测，测评弱势群体的信息意识和信息道德水平是否得到了提高，信息技能是否得到了改善。弱势群体也可以主动向信息援助人员反馈对信息援助活动的看法与评价，指出信息援助中的不足之处。信息援助团队收集前测和后测的结果及弱势群体的反馈意见，将这些评价、建议完整记录保存下来，信息援助团队领导者召集专家以此为基础对整个信息援助活动进行考察和分析、评估，对有突出贡献的信息援助人员给予表彰和奖励。

4.1.4　依据时间规划实施信息援助方案

一旦决定采用信息援助后，首要任务是组建信息援助团队，团队成员主要包括团队领导者、信息收集员、信息分析员、信息技术员、信息援助员。执行公共信息援助方案前要分析信息援助团队人员的特长和弱势群体的信息需求，以及当地信息环境的基础。执行此方案要考虑到影响信息援助效果的一切因素，并对方案执行的可行性做出判断。例如，信息援助方案是否能满足弱势群体的信息需求；信息援助的装备如投影仪、计算机、数据库、资料库、读屏软件、听力补偿设备、手语电子辞典等是否齐全；实施信息援助的经费是否充足；信息援助团队的能力和素质是否达标；提供的信息内容是否全面而有针对性，并且涵盖了最新的资料；信息援助的措施是否得力；如果不可行，再重新修改、调整、优化方案，直到制定出一个周密而翔实的弱势群体信息援助方案。此方案需要尽可能包括弱势群体信息援助时间的安排、弱势群体信息援助的执行人及其任务、弱势群体信息援助过程中可能出现的意外状况及对意外状况做出的应急补救措施等方面的内容。在实施弱势群体援助方案之前先对弱势群体的信息素养进行前测，主要测评弱势群体的信息意识、公共信息搜寻能力、公共信息交流能力、公共信息选择能力、公共信息利用能力及信息道德水平。

信息援助方案决定了弱势群体公共信息服务的目的和主要任务、信息援助具体对象和覆盖时间、区域范围、信息援助采用的模式等方面的内容。信息援助方案要在法律、政策的框架下，充分考虑弱势群体的实际情况，能解决弱势群体的现实问题。弱势群体信息援助活动方案实施需要把握好整个流程运行的周期，运作时间不能太短，太短难以解决问题；也不能持续太长，太长容易拖沓进度，导致工作人员身心疲惫，虽耗费人力、物力、财力，却无法获得最佳效果。在实施弱势群体援助方案之后要对弱势群体的信息素养进行后测，测评弱势群体的信息意识、公共信息搜寻能力、公共信息交流能力、公共信息选择能力、公共信息利用能力及信息道德水平是否得到了提升和改善。依据信息援助内容的多少与范围差别及信息技能培训的层级，可将弱势群体信息援助分为五个等级，如表 4.1 所示。

表 4.1　弱势群体信息援助实施的时间规划

等级	时间	信息援助的重点	具体操作过程	预期成果
等级 A	一周	宣传公共信息的价值。向弱势群体介绍电脑的常识（如软硬件）和最简单的操作（如开关机），向弱势群体提供他们最迫切需要的公共信息。	1. 针对弱势群体的信息素养开展前期测评；2. 选择信息援助模式并实施信息援助计划与方案；3. 针对弱势群体的信息素养开展后期测评。	弱势群体认识到自己的不足，开始关注公共信息并开始接触信息技术。
等级 B	一个月	对弱势群体展开计算机基础操作方面的培训，介绍一些常用软件，向弱势群体提供他们重点关注的公共信息。	1. 针对弱势群体的信息素养开展前期测评；2. 选择信息援助模式并实施信息援助计划与方案；3. 针对弱势群体的信息素养开展后期测评。	弱势群体计算机操作技能得到初步提高，开始使用一些常用软件。
等级 C	6 个月	重点扫清弱势群体文字编辑、上网等方面的障碍，向弱势群体提供他们所需要的各类信息。	1. 针对弱势群体的信息素养开展前期测评；2. 选择信息援助模式并实施信息援助计划与方案；3. 针对弱势群体的信息素养开展后期测评。	熟练掌握计算机的基础操作，开始有目的性地主动尝试收集一些公共信息。

等级	时间	信息援助的重点	具体操作过程	预期成果
等级D	一年	向弱势群体提供他们所需要的全方位、深加工的公共信息，传授公共信息收集的技能和方法。	1.针对弱势群体的信息素养开展前期测评；2.选择信息援助模式并实施信息援助计划与方案；3.针对弱势群体的信息素养开展后期测评。	熟练掌握公共信息的收集途径，获得和存储较多的公共信息。
等级E	二年	预测并挖掘弱势群体的未来公共信息需求，传授公共信息利用的经验，引导弱势群体利用公共信息。	1.针对弱势群体的信息素养开展前期测评；2.选择信息援助模式并实施信息援助计划与方案；3.针对弱势群体的信息素养开展后期测评。	弱势群体具备较强的公共信息利用能力，逐步利用信息改变他们的劣势状态。

实施等级 A 信息援助方案之前先对弱势群体的信息素养进行前测，主要测评弱势群体的信息意识、公共信息搜寻能力、公共信息交流能力、公共信息选择能力、公共信息利用能力及信息道德水平。弱势群体公共信息服务时只提供最重要、最迫切的公共信息，便于弱势群体理解和消化。此阶段要对弱势群体的核心信息需求做精准的把握，公共信息需求不能由信息服务人员直接提出，需要经过详细调研，同时结合弱势群体的自身信息状态、所需要的公共信息类型、信息能力拓展目标，最终提出符合实际的公共信息需求。信息援助通常持续时间很短，要集中精力改变弱势群体的思想观念，目的是帮助他们克服漠视信息的态度，只有他们自己意识到公共信息的价值、领悟到知识的力量，才会积极地开展公共信息活动。信息援助时可向弱势群体推荐利用公共信息制胜方面的案例或故事。根据北京信息办调查分析，影响低端群体数字化水平的主导因素不仅是对计算机和网络的可得性，而且是缺乏必要的计算机使用技能。❶因此，在信息援助过程中要对弱势群体开展信息

---

❶　张俊玲.面向"信息弱势群体"的公共图书馆人文关怀[J].图书馆，2007(6)：69.

技能培训。信息技能培训的重点是电脑常识的普及，常常针对最基础的问题。实施等级 A 信息援助方案之后对弱势群体的信息素养进行后测，测评弱势群体的信息意识、公共信息搜寻能力、公共信息交流能力、公共信息选择能力、公共信息利用能力及信息道德水平是否得到了改善。等级 A 信息援助方案具体的日程安排如表 4.2 所示。

表 4.2　弱势群体信息援助日程安排表（等级 A）

时间	信息援助工作安排
第 1 天	对弱势群体的信息素养进行前测。 调查弱势群体的公共信息需求，分析弱势群体在公共信息获取和交流方面的障碍。
第 2 天	分析总结出弱势群体最核心的公共信息需求，并提出解决他们公共信息障碍的对策。
第 3 天	向弱势群体介绍"信息制胜"的小故事，使他们意识到公共信息隐含的巨大价值。
第 4 天	信息收集员有针对性地采集公共信息，信息分析员对收集到的公共信息进行加工、提炼。
第 5 天	信息培训人员介绍电脑常识及基础操作。
第 6 天	向弱势群体展示他们所需的公共信息。
第 7 天	对弱势群体的信息素养进行后测。

在团队领导的带领下信息收集员、分析员、培训员、援助员总结信息援助的经验与不足。

实施等级 B 信息援助方案之前同样要对弱势群体的信息素养进行前测。等级 B 持续时间也不长，弱势群体公共信息服务时只提供精练的公共信息，需要加强援助方案的实用性，重点满足弱势群体主动提出的公共信息需求，提高信息服务的针对性，落实一些突出的公共信息问题。在公共信息推送时应该把收集到的公共信息用一种较为集中的方式呈现给弱势群体。信息技能培训以介绍计算机基础知识为主，让弱势群体开始尝试一些较为简单的软件，熟悉最常用的操作系统的界面（如 Windows），会电脑打字、会收发邮件、会编辑表格等。实施等级 B 信息援助方案之后对弱势群体的信息素养进行后测。等级 B 信息援助方案具体的日程安排如表 4.3 所示。

表 4.3　弱势群体信息援助日程安排表（等级 B）

时间	信息援助工作安排
第 1 周	对弱势群体的信息素养进行前测。 调查弱势群体公共信息需求，采集加工好他们所需要的公共信息。
第 2 周	为弱势群体呈现他们所需要的公共信息，介绍常用操作系统（如 Windows）的构成。
第 3 周	教弱势群体使用一些简单的应用软件，如 Word、Excel 等。
第 4 周	对弱势群体的信息素养进行后测。

收集弱势群体的反馈意见，讨论总结信息援助的欠缺环节，完善公共信息提供和信息培训。

实施等级 C 信息援助方案之前要对弱势群体的信息素养进行前测。等级 C 通常持续时间较长。由于弱势群体的知识水平不高、表达能力有限，弱势群体不是时刻都能意识到并且准确表达自己的需求，所以不但要根据弱势群体表达出来的公共信息需求利用多种途径广泛地采集数据、资料，还要挖掘弱势群体潜在的公共信息需求，提供各种形式的公共信息，保障信息的全面性，密切关注信息的最新变化动态为弱势群体提供及时的公共信息。信息技能培训旨在帮助弱势群体熟练使用电脑，可以将电脑的操作流程进行分解，加配详细的说明文字与演示图，方便弱势群体理解和掌握。实施等级 C 信息援助方案之后对弱势群体的信息素养进行后测。等级 C 信息援助方案具体的日程安排如表 4.4 所示。

表 4.4 弱势群体信息援助日程安排表（等级 C）

时间	信息援助工作安排
第 1 个月	对弱势群体的信息素养进行前测。 调查弱势群体公共信息需求，挖掘他们尚未表达的潜在信息需求，研究他们的公共信息行为特点，制定初步的信息援助计划。 分析总结出弱势群体最核心的公共信息需求，并提出解决他们公共信息障碍的对策。
第 2 个月	教弱势群体使用《新华字典》《现代汉语字典》等工具，扫清他们的打字障碍。
第 3 个月	介绍 Windows 操作系统的构成。
第 4 个月	教弱势群体使用一些简单的应用软件，如 Word、Excel 等。
第 5 个月	为弱势群体呈现他们所需要的公共信息。
第 6 个月	为弱势群体答疑解惑，解决他们信息方面的难题。 对弱势群体的信息素养进行后测。 收集反馈意见，讨论总结

实施等级 D 信息援助方案之前要先对弱势群体的信息素养进行前测。等级 D 级一般持续时间很长，提供全方位、深加工的公共信息，需要由经验丰富的专业人士担任。信息采集时收集了大量的公共信息，但是不能将这些信息一股脑地提供给弱势群体。公共信息太多、太杂反而会增加弱势群体的信息焦虑，应该对这些公共信息进行深入的分析，再将经过加工整理的信息提供给弱势群体。信息技能培训的目标是改变被动的公共信息供给的方式，使弱势群体能较为娴熟地自主收集公共信息，通过此等级的信息援助，弱势群体能逐步改变信息弱势的状态。实施等级 D 信息援助方案之后对弱势群体的信息素养进行后测。等级 D 信息援助方案具体的日程安排如表 4.5 所示。

表 4.5　弱势群体信息援助日程安排表（等级 D）

时间	信息援助工作安排
第 1 个月	对弱势群体的信息素养进行前测。 调查弱势群体公共信息需求，挖掘潜在公共信息需求，研究他们的公共信息行为特点，制定初步的信息援助计划。
第 2 个月	采集弱势群体所需要的公共信息，并将公共信息进行深加工。
第 3 个月	将弱势群体所需要的公共信息集中展示、介绍给他们。
第 4 个月	带弱势群体访问图书馆、技术服务站、信息中心等，尝试自己寻找所需的公共信息、资料。
第 5 个月	教弱势群体使用《新华字典》《现代汉语字典》等工具，扫清他们的打字障碍。
第 6 个月	介绍 Windows 操作系统的构成。
第 7 个月	教弱势群体使用一些简单的应用软件，如 Word、Excel 等。
第 8 个月	给弱势群体介绍一些政府网站和一些常用的门户网站如新浪、搜狐等。
第 9 个月	教弱势群体使用一些常用的搜索引擎如百度、搜狗等。
第 10 个月	布置测试题目考核、检验弱势群体是否能通过网络顺利找到自己所需要公共信息。
第 11 个月	为弱势群体答疑解惑、查漏补缺。
第 12 个月	对弱势群体的信息素养进行后测。 收集反馈意见，讨论总结。

实施等级 E 信息援助方案之前要先对弱势群体的信息素养进行前测。等级 E 级要求最高，一般持续时间最长，弱势群体公共信息服务着眼于弱势群体未来的公共信息需求，信息服务人员需要选择那些具有前瞻性眼光和创新性思维的人。信息素养培训的最终目标是引导弱势群体利用公共信息，将公共信息逐渐运用到他们的生产生活中，为他们带来核心竞争力。由于此阶段的时间周期很长，在执行过程中要注意实时监控，与预先设定的任务与目标相对比，进行判断，看是否出现了行为偏差，一旦出现错误要即时修正。计划往往没有变化快，如果在操作过程中发现预先设定的目标或任务有不合理之处，要注意及时

地发现存在的隐患并重新调整弱势群体信息援助的解决方案。实施等级 E 信息援助方案之后对弱势群体的信息素养进行后测。等级 E 信息援助方案具体的日程安排如表 4.6 所示。

表 4.6　弱势群体信息援助日程安排表（等级 E）

时间	信息援助工作安排
第 1 年第 1 季度	对弱势群体的信息素养进行前测。 调查弱势群体公共信息需求，挖掘潜在及未来的信息需求，研究弱势群体的公共信息行为特点，制订初步的信息援助计划。
第 1 年第 2 季度	采集弱势群体所需要的公共信息，对深加工后的公共信息集中展示、介绍。
第 1 年第 3 季度	带领弱势群体访问图书馆、技术服务站、信息中心等，学会书籍、报刊等文献资料的检索。
第 1 年第 4 季度	排除弱势群体的打字障碍，学会使用常用的操作系统和应用软件。
第 2 年第 1 季度	学会访问政府网站和信息门户网站和搜索引擎。
第 2 年第 2 季度	布置测试题目重点考核弱势群体公共信息搜寻能力；为他们答疑解惑、查漏补缺，进一步训练他们的公共信息查询技能。
第 2 年第 3 季度	训练弱势群体在生产生活中利用公共信息解决实际困难。
第 2 年第 4 季度	布置测试题目重点考核弱势群体利用公共信息能力； 为他们答疑解惑、查漏补缺； 对弱势群体的信息素养进行后测。

此日程安排只是粗略的建议，在弱势群体公共信息服务过程中可以依据具体情况选择适合等级的信息援助计划，也需要依据弱势群体的实际情况安排进度，增删教授内容，为弱势群体量身打造信息援助方案。

4.2　弱势群体公共信息援助的操作方式

弱势群体公共信息服务必须深入到弱势群体中间，细致了解弱势群体的公共信息需求、密切观察他们的信息行为，据此指导他们的公共信息活动，可以采用的操作方法有：言语指导、示范训练、行为演练、社会性强化。

4.2.1　言语指导

言语指导是一种最基础、最原始也是最便捷的方式。信息援助者通过宣传会、讲解会的形式口头教授弱势群体如何进行公共信息活动。此种形式灵活、方便、宣传面广，仅需要较少的人工投入就能取得较好的效果。信息援助者可以口头演说，也可以将信息援助的计划、信息技术的课程做成 PPT 的形式加以展示。信息援助方案安排决定了弱势群体公共信息服务的进程，言语指导比较适合用于弱势群体公共信息援助的初始阶段，要充分考虑弱势群体的公共信息需求的实际情况，解决弱势群体面临的信息障碍。言语指导的时间安排要恰当，指导时间不能太短，如果时间太短指导不细致，容易给弱势群体带来认知障碍和理解困难，也不能持续太长；如果培训的时间太长，传递的信息量太大，无法及时消化、吸收，也容易给弱势群体带来信息焦虑。

言语指导的具体内容要根据弱势群体信息援助方案来实施，可将弱势群体召集起来统一进行培训，详细讲解公共信息的价值、各类公共信息活动的操作要点、关键的信息技术，让弱势群体对公共信息活动有个总体上的认识，如表

4.7 所示。信息援助方案的诸多内容都适合以言语宣讲的方式进行，不过弱势群体的认知能力有限，信息援助人员需要摒弃理论式的说教，而采用通俗易懂的方式来讲解。

表 4.7　言语指导内容与指导方式

言语指导内容	指导方式
宣传公共信息的价值	信息小故事
输入法培训	拼音训练、五笔打字训练
介绍电脑的常识（如软硬件）和最简单的操作（如开关机）	配图说明
介绍常用软件	软件操作图
上网指导（收发邮件、使用搜索引擎、访问政府门户网站）	图文示范
实时向弱势群体介绍他们所需的公共信息	座谈会、讨论会

言语指导的实施步骤对应着弱势群体信息援助方案，由于弱势群体普遍信息意识不强，首先就要向他们宣传公共信息的价值，帮助他们改变漠视信息的思想观念。言语指导不提倡"王婆卖瓜自卖自夸"式的生硬说教，信息援助人员可以发挥创意和智慧来编写信息制胜、信息安全、个人隐私信息保护方面的小故事。

具备一定的文化知识是信息活动的基础，扫除读写障碍后才能进行下一步的指导。如果弱势群体连打字都不会，甚至连普通话都不会说，就要对其展开拼音训练和输入法培训。以《新华字典》《现代汉语字典》等作为辅助工具，教授弱势群体正确的拼写方式，帮助他们扫清拼读障碍。本研究的前期调查发现，弱势群体有学习电脑知识的意愿和兴趣。言语指导的重点是电脑常识的普及，针对最基础的问题，对弱势群体展开计算机基础操作方面的培训，如向弱势群体介绍电脑的常识（如软硬件）和最简单的电脑操作（如开关机），让弱势群体熟悉最常用的操作系统的界面（如 Windows），介绍一些常用软件（如 Word，Excel），并指导他们电脑打字、编辑表格、收发邮件、使用搜索引擎搜索公共信息、访问政府门户网站等。如果信息技术和电脑软件的操作方法比较复杂，可以将操作流程进行分解，指导时需要配备图文并茂的操作说明，方便弱势群体理解和掌握。

弱势群体公共信息服务时要搜集各种来源的公共信息，保障信息的全面性，密切关注公共信息的最新变化动态。值得注意的是，在言语指导前应该对弱势群体核心的公共信息需求做精准的把握，向弱势群体提供他们重点关注的公共信息。首先对这些公共信息进行深入的分析，再将经过加工整理的公共信息，介绍给弱势群体。言语指导时每一次只提供最重要的、最迫切的少量公共信息，便于弱势群体理解和消化。

4.2.2　示范训练

如果说言语指导侧重于言语和说教，示范训练则侧重于行动。示范训练是信息援助人员以亲身示范的形式，演示信息活动来指导实际操作。示范训练的直观性强、易学易用，能将抽象的过程分解为具体的操作步骤，甚至能让弱势群体遵循示范按图索骥、依葫芦画瓢式地开展公共信息活动。比起言语指导，示范训练的方式更为形象。在示范训练过程中可以综合运用换位思考、情景示范、巩固深化、反复操练等方法，这几个方法也是示范训练的操作要点。

1. 换位思考

换位思考（Perspective Taking）是进行示范训练的出发点和立足点，关系到示范训练的成败，当然换位思考的技巧也并不局限于示范训练，在言语指导、行为演练和社会性强化的过程中都需要考虑。克鲁泡特金在《互助论》中提到："只有互助性强的生物群才能生存，对人类而言，换位思考是互助的前提。"❶换位思考是指信息援助人员在弱势群体公共信息服务过程中要站在弱势群体的立场和角度考虑问题，想弱势群体之所想、急弱势群体之所急，能设身处地地理解弱势群体的公共信息障碍。信息援助人员与信息知识储备十分薄弱的弱势群体存在明显的信息鸿沟，如果信息援助人员忽视了自身与弱势群体之间的信息和知识储备的差距，一味地向弱势群体灌输知识，这种填鸭式的知识传授模式必然给弱势群体带来认知障碍，也将严重影响弱势群体公共信息援助的效果。研究群体冲突的心理学的神经科学家艾米尔·布鲁诺（Emile Bruneau）提到，大量研究表明，在不同群体间，换位思考能够提升优势群体对弱势群体的看法❷。在信息援助的过程中信息援助人员不能忽视换位思考。

不过信息援助人员的成长经历、生活水平、工作状况、知识背景、信息环境等个体特征与弱势群体相比存在显著差异，要感同身受地了解和认识弱势群体也非易事。信息援助人员究竟如何做到换位思考？一个有效的换位思考的方式就是让身份地位较低的弱势群体首先发表自己的观点（Perspective Giving）。弱势群体在社会生活中长期处于"失语"状态，感觉自己的言论得不到重视，

---

❶ 张勇伟.善：永恒的意义：克鲁泡特金《互助论》精粹选编 [M].武汉：湖北人民出版社，1989.

❷ Emile G Bruneau, Rebecca Sax. The power of being heard: Group with less power benefits more from sharing its perspective[J]. Journal of Experimental Social Psychology, 2012(2)：855-866.

信息表达权没有得到充分保障。如果让弱势群体首先表达观点，倾听他们的心声，他们就能从心理上感觉自己受到了关注，容易拉近双方的心理距离。当然，对于性格内向型的弱势群体实施起来有一定难度，为此信息援助人员要有耐心、慢慢加以引导。一旦打开了话匣子，信息援助人员就可以用敏锐的信息捕捉能力去分析弱势群体言语中所透露的背景含义。在示范训练操作过程中信息援助人员也要时刻注意换位思考，训练的方式内容及进度、深度、难度都要依据弱势群体的喜好进行安排。每次示范训练结束后，信息援助人员都要及时了解弱势群体对示范训练的看法和要求，依据这些意见不断调整、改进、优化示范训练的操作步骤。

2. 情景示范

情景示范时信息援助人员可以手把手地为弱势群体演示一些公共信息活动，引导弱势群体模仿。难度太大容易让弱势群体望而止步，情景示范要选好示范的素材，过程不能太复杂、不能太耗时。情景示范可以针对重点的公共信息行为加以演示，分为如下四个方面：① 公共信息搜寻情景示范。② 公共信息交流情景示范。③ 公共信息分析情景示范。④ 公共信息利用情景示范。

情景示范为公共信息活动提供了直观的、可操作化的蓝本，可以让弱势群体按图索骥、依葫芦画瓢式地开展公共信息活动。信息援助人员在亲身示范公共信息活动时可采用录像的方式存储情景示范的范例，供记忆能力欠佳和无法亲临情景示范现场的弱势群体日后观摩。

3. 巩固深化

情景示范结束后弱势群体对公共信息活动有了一些感官上的体会和直观的

认识，信息援助人员要帮助弱势群体趁热打铁、及时巩固。巩固深化不是情景示范的机械重复，巩固深化的重点目标有两个：一为查漏补缺，二为深化提高。查漏补缺要对情景示范的难点进行详细的解剖或重复再现，及时解答弱势群体提出的疑问。巩固深化需要提高层次，此时不提倡按图索骥式的重复，侧重点为深化提高。在巩固深化过程中，信息援助人员可用测试的方式布置一些题目或任务，测试弱势群体对信息技能的掌握程度，考核情景示范的效果。最为关键的是信息援助人员要注意增强弱势群体进行公共信息活动的自主行动能力，随时引导弱势群体独立思考、积极探索，这样才能深化弱势群体的信息技能，真正提高弱势群体的信息素养。

4. 反复操练

弱势群体特别是其中的老年群体由于生理机能的缺陷，记忆欠佳，因此为了巩固示范训练的效果，信息援助员要督促弱势群体反复操练，这样才能将表现为"大脑即时生理生化反应重复"的短期记忆转化为"脑细胞发生结构性改变"的长期记忆。示范训练的内容越是被反复操练，在弱势群体的记忆系统中越是被频繁读取，示范训练的内容就越不容易遗忘，信息援助的效果就越持久。巩固深化往往是在情景示范结束不久后进行，反复操练的周期较长，也许在情景示范一个月后或者几个月后开展，具体的时间间隔可由信息援助人员根据实际情况自主设定，比如两个月重复超练一次。

总之，示范训练以身教的方式分步骤直观地呈现公共信息活动情景，引导弱势群体观摩、演练这些情景，比言语指导提高了一个层次。

4.2.3　信息素养培育

信息素养（information literacy），也被称为"信息能力""信息素质""信息技能"等。该术语最早是在 1974 年美国图书情报学全国委员会（NCLIS）上由信息产业协会（IIA）主席 Paul Zurkowski 在所提交的一份议案中提出的，即"所有经过训练的在工作中善于运用信息资源的人称为具有信息能力的人，他们知道利用多种信息工具及主要信息资源使问题得到信息解答的技术和技能"❶。弱势群体信息素养的培育主要从弱势群体信息意识、信息伦理的培养和信息行为的优化入手。

1. 信息意识与信息伦理道德的培养

弱势群体处于信息劣势地位的原因既包括信息资源分布不均衡的客观环境因素，也与弱势群体本身淡薄的信息意识存在直接联系。弱势群体侧重满足生存需要，其没有足够的时间关注精神需求和发展需求，亦存在视野上的局限性。他们的信息意识较低，具体表现为对公共信息价值的认识不清、公共信息需求表达较为模糊、信息的敏感性不强、信息的观察力偏弱。因此，解决弱势群体信息贫困的状态，首先要他们明辨公共信息需求，提高对公共信息的敏感度，增强他们获取、传播、利用公共信息的主动性，最终提升弱势群休的信息素质。

信息道德也是信息素养的一个重要方面。信息道德是指："在整个信息活动中，调节信息创造者、服务者和使用者之间关系的行为规范，如保护知识产权、

---

❶　Paul Zurkowski.The Information Service Environment Relationships and Priorities.Related Paper No.5 [EB/OL] [2014-09-10]. http://www.eric.ed.gov/ .

尊重个人隐私、抵制不良信息、维护信息安全等。"● 然而，现实生活中信息方面的法律法规还不健全，存在一些法律的漏洞，生活中也出现了一些不道德的事件，比如盗用他人信用卡、银行卡信息，阅读淫秽信息，伪造、散布虚假消息、侵犯他人知识产权等。在法律这个硬标准之外，也需要信息道德这个无形的规则对人们的行为加以引导与规范，信息道德体现着个体的人文素质、精神境界与修养水平。信息援助人员要加大向弱势群体宣传信息法律、法规、政策的力度，帮助他们了解信息法律，遵守信息法律，坚守道德底线，抵制违法活动并坚决捍卫法律的尊严。信息援助人员要监督弱势群体的公共信息行为，帮助他们做到：不制造和散布虚假信息、不盗取他人隐私信息或经济信息、不发布带有侮辱性或者攻击性的言论、不进行信息诈骗活动、不侵犯他人知识产权、不浏览淫秽黄色信息，不宣传邪恶暴力、封建迷信信息，不从事反政府的信息活动。对弱势群体的信息意识和信息伦理的培养不提倡生硬说教或一味地灌输，信息援助人员仍可以采用信息小故事的方式加以引导。

2. 信息行为优化与信息技能的提高

信息行为优化是一种比较深入的方式，是"授之渔"的过程。信息行为优化需要与弱势群体展开密切互动，比较耗时耗力。它从行为角度对弱势群体的公共信息行为加以干预，通过信息行为训练刺激弱势群体增加良好的信息行为与信息习惯，力争帮助弱势群体减少或消除无效的或者不适宜的信息行为，使得公共信息行为达到优化的目标。本研究在调查中发现，弱势群体的公共信息行为存在很多问题，在信息援助时要帮助弱势群体解决公共信息问题，就必须摸清他们公共信息行为的基本规律，设计一个合理的模式来指导他们的公共信

● 朱珍珍. 大学生信息素养教育研究 [D]. 桂林：广西师范大学，2011(5).

息搜寻行为、公共信息交流行为、公共信息选择行为、公共信息利用行为，从而帮助弱势群体优化和改进公共信息行为，提高他们的信息技能。

（1）弱势群体公共信息搜寻行为优化

弱势群体如何及时、有效地获取公共信息，很大程度取决于其采取何种获取公共信息的途径。在进行公共信息服务时，需要丰富弱势群体公共信息获取渠道，保持信息获取渠道的畅通，完善信息获取方法与技术，以此促进弱势群体信息获取质量和数量的提升。

本研究调查发现，弱势群体搜寻公共信息的动力不足，而公共信息搜寻行为是一种自发性的行为，信息援助人员只能从提高弱势群体的信息意识入手，帮助弱势群体认识到公共信息的价值及自身信息的欠缺。一般而言，弱势群体实施公共信息搜寻行为的概率与信息搜寻的难度成反比，与信息的价值成正比。弱势群体意识到公共信息的价值和自身信息储备的不足后，就会将信息价值与搜寻难度进行对比。当弱势群体感觉搜寻难度高于所需信息的价值时往往会放弃信息搜寻，反之则继续。在信息援助过程中信息援助团队与弱势群体进行积极的互动，信息援助人员可以帮助他们选择适合的信息搜寻方式和策略，帮助弱势群体降低公共信息搜寻的困难。在搜寻方式方面，除了使用弱势群体常用的传统搜寻方式之外，信息援助人员还需要引导他们积极学习计算机知识，以适应网络时代高效率的信息搜寻的新方式。信息援助人员可帮助弱势群体通过专业的搜索引擎搜索公共信息，也可以通过政府网站浏览较为权威的公共信息，或者访问网络论坛阅读公众的留言、反馈信息。为了解决弱势群体公共信息搜寻时的随意性或者盲目性问题，信息援助团队可帮助弱势群体制定科学的信息搜寻策略，可以参照依拓尔（Fidel Etall）的信息搜寻策略：① 直觉扫描策略

（intuitive scanning），凭借着弱势群体自己的第一感觉寻找公共信息；② 分析型策略（analytical），分析出信息获取的对策以实现公共信息需求的目标；③ 经验型策略（empirical），凭借弱势群体以往的公共信息搜寻经验获取新信息；④ 定点策略（known site），即直接从弱势群体已知的或猜测的渠道获取公共信息；⑤ 相似性策略（similarity），搜寻与弱势群体以前已经获得过的公共信息相似的信息；⑥ 集中搜索策略（focused searching），专门针对某一特定的主题集中搜寻公共信息；⑦ 快捷灵活策略（swift and flexible），迅速获取弱势群体容易获得的公共信息，如果仍然无法满足弱势群体的需求，再迅速转移渠道，重新寻找新的信息源❶。

寻找到信息源仅仅是弱势群体信息搜寻行为的开始。信息援助人员需要帮助弱势群体对信息源进行辨别和区分。尤其从网络渠道获取的公共信息，鱼龙混杂、真假难辨。信息援助团队可帮助弱势群体有目的性地对公共信息源进行定位和搜寻，并区分不同来源的公共信息和不同类型的公共信息之间的差别，方便进行甄别和筛选，从信息源中有鉴别地提取公共信息。信息环境时刻变化，为了搜寻和获取最新的公共信息，信息援助团队可以定期地监控特定的公共信息源，关注信息的变化情况，帮助弱势群体获得最新的公共信息。当弱势群体获得了一定量的公共信息后，就可以根据自己的实际情况来核查判断这些公共信息的有用性、准确性和充分性，如果满足了自己的需求就结束公共信息搜寻活动，反之则遵循Marcia Bates 教授提出的采摘（Bony-Picking）模式重复上述步骤继续搜寻，补充查找更多的公共信息。通过信息援助引导弱势群体搜寻公共信息时，会补充许多新知识，弱势群体会加深对事物的理解，这可能会导致最初的公共信息需求发生调整和变化。弱势群体公共信息搜寻行为的优化，如图 4.3 所示。

❶　韩永青 . 国外信息用户进展研究 [J]. 情报科学，2008(7)：1102-1109.

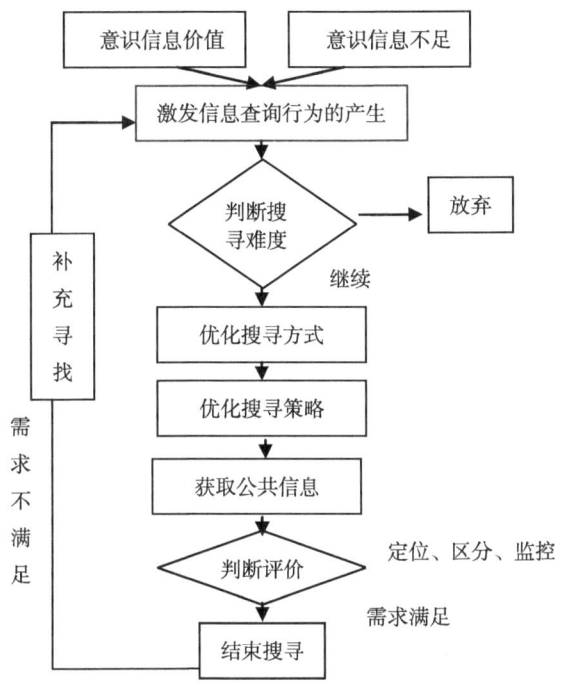

图 4.3 弱势群体公共信息搜寻行为优化

　　信息援助团队在帮助弱势群体搜寻公共信息的过程中，弱势群体查询信息时所处的心理状态和情绪变化符合库尔斯奥提出的观点。在第一阶段刚开始搜寻公共信息时，弱势群体可能因对自身的信息能力缺乏信心而感到担心和迷茫；第二阶段随着不断获取公共信息而积累经验，弱势群体会感到稍许兴奋，但仍不自信；第三阶段随着时间推移和公共信息搜寻成本的增加，弱势群体可能产生怀疑甚至恐慌、气馁的心态；第四阶段弱势群体逐渐熟悉主题，更加明确公共信息需求并有了公共信息搜寻的思路，逐渐乐观起来，建立了初步的自信，不确定性的状态逐渐减弱；第五阶段弱势群体所获得的公共信息越来越丰富，自信心及信息能力也进一步加强；第六阶段是公共信息寻求活动的结束阶段，弱势群体基本上获得了需要的公共信息，实现了信息目标，处于一种轻松状态，充满了成就感和满足感。

在这个过程中信息援助团队要把握被援助对象心理状态和情绪变化的轨迹，做到进退自如。在前三个阶段弱势群体最容易打退堂鼓，放弃公共信息搜寻行为，因此信息援助团队应"以进为主"，要时刻关注援助对象的心理状态和情绪的变化，引导他们调整搜寻方式和搜寻策略，帮助他们克服信息搜寻障碍，打消公共信息搜寻的顾虑。进入第四阶段后，信息援助团队可以"以退为主"，适当放手，增强被援助对象信息查询的自主性，让被援助者逐步摸索公共信息搜寻的诀窍，体会公共信息获得的成就感和满足感，这种满足感又成为下次查询公共信息的动机。如英国传播学家McQuail等人认为："获取信息是一种自发的信息行为，能给个体带来快乐的感受，因为信息查询暗示了人们对内心状态的不安宁（如知识异常态、不确定性及内藏的需求）所采取的行动。"尽管在公共信息搜寻的早期阶段，弱势群体对公共信息搜寻行为没把握，可能因为信息的非确定性而引发信息焦虑的心态。随着公共信息搜寻活动的进展，弱势群体不断扩大公共信息的占有量，使公共信息变得更加集中和明晰。在搜寻过程结束后，信息援助团队可以帮助弱势群体对公共信息进行后期的加工处理，增加公共信息的可理解性，减少信息的不确定性，降低弱势群体的信息焦虑，使弱势群体所拥有的信息和知识变得更加丰富，增加弱势群体的竞争力。

（2）弱势群体公共信息交流行为优化

信息交流行为是一个互动的过程，信息的发送者利用各种渠道将信息传递给对应的信息接受者，并等待信息接受者的反馈，共同实现信息共享的目标。信息交流行为能扩充弱势群体的信息量，减少弱势群体对客观世界未知领域认识的不确定性，帮助弱势群体积累经验，提高弱势群体的认知水平，形成更加科学的思维方式。弱势群体公共信息交流行为优化过程如图 4.4 所示。

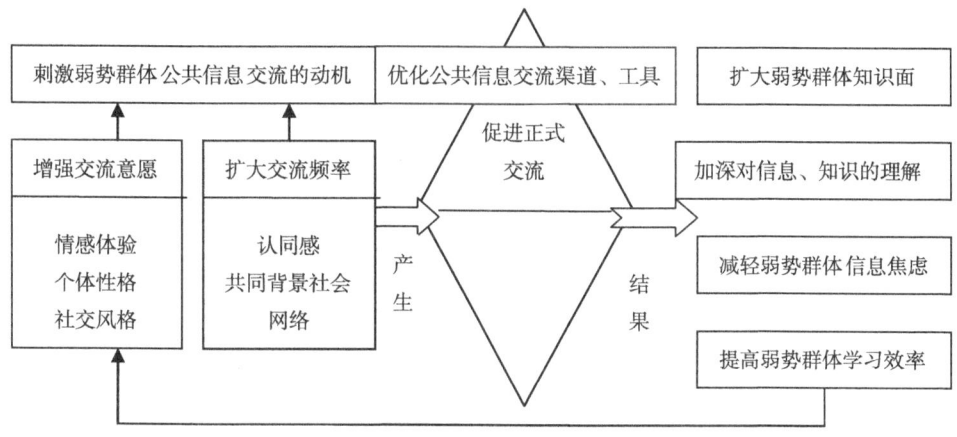

图 4.4　弱势群体公共信息交流行为优化

弱势群体的公共信息交流行为受情感体验因素的制约，信息交流过程给参与者所带来的情感体验是公共信息交流的最初动力。公共信息交流不但可以扩大弱势群体的公共信息拥有量，增长他们的见闻，也可以在精神层面给信息交流的双方带来满足感和愉悦感。在公共信息服务中要密切留意弱势群体的情感体验，尽量使弱势群休感到身心愉悦，减少弱势群体胆小怕事、害怕交流的不良情绪。弱势群体的公共信息交流行为受个体性格和社交风格的影响。个性开朗的人通常乐意与其他人主动交往沟通，公共信息交流的动机也越强。性格封闭的人通常回避交往、逃避信息交流。社交风格是美国心理学家马瑞尔提出的概念，社交风格的类型有分析型、驾驭型、表现型、亲切型四种❶。已有研究发现，在信息交流过程中亲切型的人信息交流的意愿比其他类型要高。弱势群体信息援助时可以先判断被援助对象的个体性格和社交风格，分批实施信息援助活动，首先帮助个性开朗的和亲切型的弱势群众扩大公共信息交流活动，慢慢地再带动性格封闭的弱势群体尝试进行公共信息交流。

在弱势群体内部的公共信息交流受到个体成员与群体内部其他成员认同感和归属感的影响，个体对群体的认同感和归属感越强，交往的诉求和信息交流的意愿就越强，公共信息交流的频率就越高。同样，弱势群体与群体外部成员进行交流时，如果有相似的经历、共同的体验，也容易产生共同话题、引起共鸣，自然而然地建立起一个公共信息交流的背景，促进信息交流活动的顺利开展。Kimmo Tuominen 和 Reijo Savolainen 指出："信息交流背景性质意味着一个版本的信息总是依赖于互动（迭代）的性质和交谈议论的范围，以及这个版本所设计完成的实际的社会目的。"❷为了提升弱势群体的公共信息交流频率，信息援助团队可以从他们内部选取一个权威的、值得信任的、有亲和力的"意见领袖"来组织他们围绕一些共同关注的话题进行交流，调动他们的积极性。

弱势群体的公共信息交流行为受社交网络的影响。社交网络的规模越大，信息交流越便捷，公共信息传播的速度越快。格兰诺维特根据关系特征的时间量、情感紧密性、熟悉程度和互惠交换等维度把社交网络中存在的关系分为强关系和弱关系两种类型。尽管弱势群体利用强关系能快速地、低成本地获取公共信

---

❶ 周佩.高校图书馆用户信息行为及影响因素研究 [D].广西民族大学，2011(4).

❷ Kimmo Tuominen, Reijo Savolainen. A Social Constructionist Approach to the Study of Information Use as Discursive action [C]. Finland.1997:81-96.

息（这也是弱势群体习惯采用的信息交流方式），但对于弱势群体而言，信息援助团队引导他们利用弱关系进行公共信息交流的优势更加显著，因为通过弱关系可交换更多的公共信息、获得非重复性的、异质化程度较高、有价值的外部信息，所以应该提倡、鼓励弱势群体扩大社交网络，鼓励他们利用弱关系进行公共信息交流。

采用便捷的信息交流工具容易增加弱势群体信息交流的频率、扩大社交网络、节约信息交流的成本。信息援助时引导弱势群体应用计算机和网络技术，能极大地方便弱势群体公共信息的交流过程，既拓宽了弱势群体公共信息交流的渠道，又丰富了弱势群体公共信息交流的对象，还可直接进行多方互动式的沟通。信息援助团队可以帮助弱势群体通过电子邮件直接向各领域专家咨询、请教，也可以帮助他们通过 QQ、微信等聊天工具参与公共话题的讨论，还可以帮他们订阅专题论坛组的文章，帮助他们在网络聊天室发表观点，甚至可以帮助他们利用视频会议召开村务会或者社区会议，讨论相关议题，商量公共事务的解决方案。这些方式都突破了弱势群体公共信息交流的时间、空间、参与人数的限制，实现同步的、异地的、一对一、一对多、多对一、多对多的公共信息交流。但是，由于网络公共信息交流缺乏权威的审核机制，传播公共信息具有随意性。有时网络谣言混淆视听，严重干扰了弱势群体的判断，公共信息交流过程需要信息援助人员帮助弱势群体谨慎地判断和鉴别。

弱势群体习惯非正式信息交流，而这种方式带有随意性和无目的性，经常是在偶遇或者无针对性的谈话中交流观点、商议看法，所获得的公共信息零碎、杂乱、价值不高，甚至容易造成信息失真。信息援助人员在与弱势群体的互动过程中，要注意引导弱势群体的非正式信息交流，深化非正式信息交流的主题，提高非正式信息交流的质量。在弱势群体公共信息服务和信息援助时要多采用正式交流的方式，增强弱势群体正式信息交流的频率，定期召开研讨会、发行正式出版物、发布规章制度，以有组织的、系统化的形式进行公共信息交流，便于弱势群体获得高质量的公共信息。

总之，优化弱势群体公共信息交流行为能使弱势群体获得丰富的信息，有利于扩大弱势群体知识面、加深对公共信息和知识的理解，有效地减轻弱势群体的信息焦虑，提高弱势群体的学习效率。

（3）弱势群体公共信息选择行为优化

弱势群体公共信息选择行为发生较早，当弱势群体提出公共信息需求时，就需要面对公共信息选择方面的问题：一是公共信息来源途径的选择，需要弱势群体做出判断，挑选优质的公共信息源和方便的信息搜寻方式以便寻求到适合的公共信息；二是对公共信息需求表达方式的选择，弱势群体要尽量将自己的需求充分地表达出来。很多时候弱势群体容易忽视公共信息选择活动，对采集或者交流的公共信息全盘采纳，这样做的结果往往损失了公共信息利用的效率。因为弱势群体寻求公共信息时为了提高信息的检全率，往往会扩大信息搜索的范围，势必会搜寻到许多无关的或者价值不大的公共信息，所以弱势群体需要进行公共信息选择，以便优化公共信息查询的结果。公共信息选择的好坏直接关系到信息利用的优劣，然而对弱势群体来说公共信息选择仍然不是一件轻松的工作，他们的公共信息选择行为需要进一步优化，思路如图4.5所示。

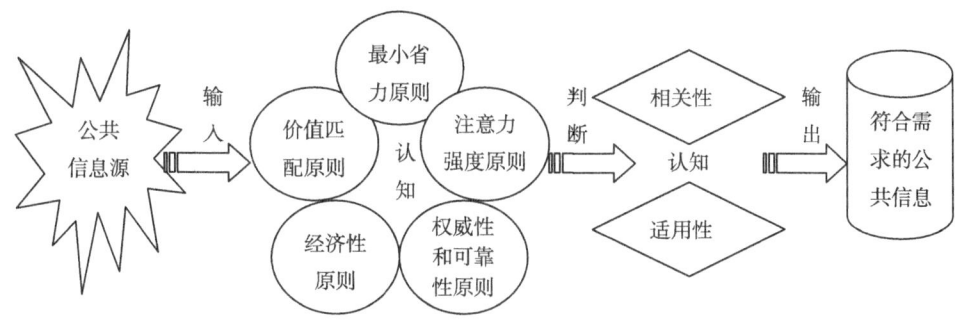

图 4.5 弱势群体公共信息选择行为优化

弱势群体公共信息选择行为按照个体认知类型的不同而存在差别。认知类型受个体知觉、记忆思维等认知能力的影响。赫尔曼·威特金把认知类型分为场独立型（FI）和场依存型（FD）两种。场独立型的个体受外部信息环境的影响较小，场依存型的个体受外部信息影响较大，信息选择效果偏低。因为场独立型的个体通常目标清晰、有自己的原则和是非判断标准，场依存型容易受到外界因素的干扰，目标模糊、缺乏自己独立的判断，经常陷入选择迷茫的境地。本研究的调查发现弱势群体由于内心的不自信，容易跟风和人云亦云，大部分都属于场依存型的认知类型，所以在弱势群体选择公共信息时要尽量创造没有干扰的环境，方便弱势群体做出最真实的判断。

前文提到的价值匹配、最小省力、经济性、权威性和可靠性等原则是弱势群体公共信息选择的基本原则，不过这并不是一个具体执行标准。按照信息选择的原则，信息援助团队帮助弱势群体选择公共信息时，可以遵循两个具体的执行标准：一是相关性，二是适用性。相关性强的信息容易引起用户的注意力。积极心理学的创始人 Csikszentmihalyi（1975）关注到这一现象，并提出了沉浸理论（Flow Theory），认为人们往往把注意力集中在自己的相关信息上并且过滤掉所有不相关的信息，从而进入一种沉浸的境界 ❶。美国的撒拉塞维奇提出：
"相关性是交流过程中来源与终点（接受者）之间接触效率的量度。" ❷ 相关选择
既可以由弱势群体依据自己的需求、兴趣等因素进行选择，也可以由公共信息
服务人员完成，还可以借助现代化的信息工具，例如搜索引擎、专门的评估网
站等为公共信息选择提供指导。相关性是较为基础的选择标准，适用性又提升
了一个层面，要求选择更加有用公共信息。适用性与公共信息的价值直接挂钩，
查询或者交换获得的公共信息与用户用途匹配度高时适用性就强。不过不同的
职业、性别、年龄的弱势群体对同一公共信息的适用性判断会有很大差异，因
此这个适用性评价的标准必须依靠弱势群体自身来断定。是否符合弱势群体的
用途只有弱势群体自己清楚，公共信息的发布者、公共信息服务者等其他人员
不能代替此工作。

信息援助时帮助弱势群体者优化其公共信息选择行为能够避免弱势群体非
理性地选择公共信息，克服首因效应和近因效应的干扰，避免路径依赖的不良
习惯，为弱势群体有效地利用公共信息奠定基础。

（4）弱势群体公共信息利用行为优化

弱势群体的信息搜寻为信息利用准备了原始素材、奠定了基础，信息利用
是对信息选择行为的深化，直接对接弱势群体的需求。信息利用行为的优化对
弱势群体而言意义重大，首先能使公共信息价值得以彰显，并对弱势群体的知
识结构和思维方式产生直接或间接的影响。信息援助团队在帮助弱势群体去粗
取精、辨伪存真，进行信息利用的过程中重新将信息加工、整合、理序，能提

---

❶ Csikszentmihalyi M. Beyond boredom and anxiety[M]. San Francisca: Jossey-Bass, 1975：36.

❷ 王以群，张力，张中会．用户情报认知行为模型 [J]．情报理论与实践，1998(3)：136-137．

高弱势群体的认知能力与思维水平。信息利用行为是一个不断循环的过程，弱势群体公共信息利用行为的优化过程如图 4.6 所示。

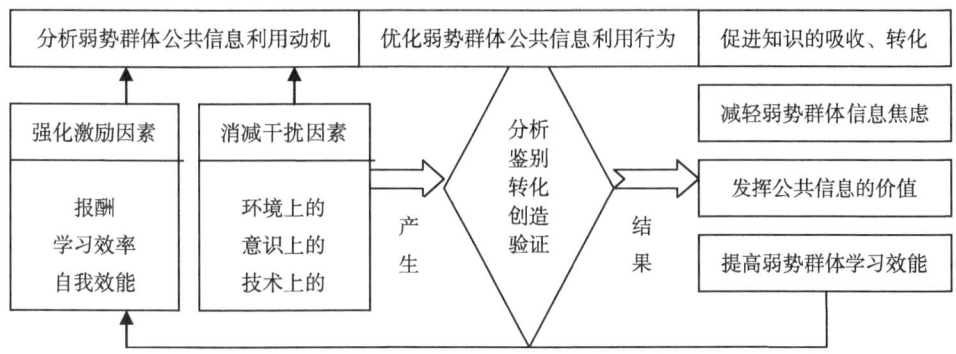

图 4.6　弱势群体公共信息利用行为的优化

前文已分析过影响弱势群体信息利用的激励因素主要包括：① 报酬；② 学习效率；③ 自我效能感。阻碍因素主要包括：① 公共信息利用环境方面的阻碍因素；② 信息意识方面的阻碍因素；③ 信息利用技术方面的阻碍因素。在信息援助时要注意扬长避短，尽量增强激励因素的正面影响，消减或避免干扰因素的不利影响。在优化弱势群体公共信息利用行为时，信息援助团队需要帮助弱势群体对公共信息的价值做出鉴别和分析。R. S. Taylor 的信息使用环境理论解释了信息使用环境和个人信息环境之间的相互建构及用户有效的被环境因素所影响的事实 ❶。Kimmo Tuominen 和 Reijo Savolainen 认为："信息使用的研究并

---

❶　Taylor R S. Information use environments [J]. Progress in Communication Sciences, 1991(10)：219-222.

不能根据分离的个人或者居于特定的环境之外完成。"❶公共信息价值是在特定的环境中生成的，要在理解、吸收的基础上将外在的信息转化为弱势群体个体内在的知识结构，去解决他们生活、工作或学习中所面临的实际问题。

弱势群体对公共信息使用价值的判断离不开个人的期望。B HjØrland 指出："对于信息使用并不是客观产生的而是通过人们生活经历的期望来阐释的。"❷弱势群体的公共信息利用行为是使用环境和个人期望相互作用的结果。弱势群体借助于自身的期望作为公共信息价值评判的标准，对获取信息所包含的观点倾向、理论价值和实践意义进行分析。

虽然弱势群体的主观能动性较弱，弱势群体在吸收利用公共信息时，并不是完全被动地接受信息，也或多或少会在脑海中对公共信息进行加工转化，消化为可理解的信息，融入原有的知识结构中，必要的时候也会利用实践经验对信息进行再创造。信息利用行为不是将获取的公共信息简单地堆砌，而是促进利用者知识结构发生根本性的改变，这是公共信息由表及里，逐步深挖、内化的过程。在弱势群体公共信息援助和服务过程中，要尽量调动弱势群体的主观能动性,只有这样才能减轻弱势群体的信息焦虑,使信息再创造的行为得以持续，这样才能保持公共信息活动的生命力。

总之，弱势群体的公共信息行为较为复杂，受到很多因素的制约，信息援助时需要对他们的公共搜寻信息行为、公共信息交流行为、公共信息选择行为、公共信息利用行为加以优化和引导。在信息援助时为弱势群体提供信息是"授

❶ Kimmo Tuominen, Reijo Savolainen. A Social Constructionist Approach to the Study of Information Use as Discursive action [C]. Finland. 1997：81-96.

❷ HjØrland B. Information seeking behavior: what should a general theory look like? [J]. The new review of information behavior research, 2000(1)：19-33.

之鱼"的过程，而优化公共信息行为是"授之渔"的过程。公共信息行为优化活动侧重于行为干预，比言语指导和示范训练的互动性更强，提高了一个层次，能真正帮助弱势群体改掉一些陈规陋习，提高信息技能和信息素养。

4.2.4　社会性强化

1995 年，美国心理学者哈里斯（Judith Rich Harris）在《心理学评论》（Psychological Review）上发表文章首次提出了群体社会化（GS）理论，该理论认为："社会化是一种高度情景化的学习形式 ❶。"社会性强化的方法是将弱势群体召集和组织起来，集中进行公共信息活动，利用信息援助人员与弱势群体之间的互动及弱势群体成员内部之间的交往建立人际关系的社会化过程来营造学习环境。信息援助人员的地位和参与模式从主导式变为辅助式，但弱势群体在协同完成信息训练的过程中相互影响、相互促进，自然而然地实现信息技能的提高。运用言语指导、示范训练和信息素养培育的方法时，由于参与信息援助的指导者和示范者与弱势群体的信息能力存在的鲜明差异容易对弱势群体造成心理压力。援助者和被援助者处于不对等的地位，援助者虽然力求换位思考，但是在知识传递中难免不能时时体会并照顾弱势群体的主观感受，有可能影响信息援助的效果。而社会性强化的方法没有采用直接的知识灌输和目的性的训练，而将信息援助和知识传递蕴含于人际互动中，侧重于隐性知识的传递，是"干中学"的过程。

著名的新行为主义心理学家阿尔波特·班杜拉提出了社会学习理论，认为："学习者可以通过观察他人的行为而使自己的行为习惯发生相应的变换，而无须

---

❶　陈会昌，叶子. 群体社会化发展理论述评 [J]. 教育理论与实践，1997(4)：48-52.

事事通过外在的强化进行学习。"❶ 社会学习理论可以作为社会性强化方法的理论基础。社会性强化是通过内在强化的力量作用于弱势群体的公共信息活动。社会性强化依托于两种类型的社会互动，一种为信息援助人员与弱势群体之间的社会互动。信息援助团队成员作为"信息优势群体"与弱势群体之间存在明显的信息差（Information Gap）。根据信息传递的法则，信息一般倾向于自发地流向信息拥有量较少的一方，同时信息差越大信息传递的效应越明显。尽管社会性强化不像言语指导和示范训练那样刻意部署，但在与信息援助成员一起从事公共信息活动的过程中，弱势群体耳濡目染或多或少也学会了信息援助人员所具备的某些信息技能或信息知识。另一种类型的社会互动为弱势群体内部成员的社会互动。弱势群体内部成员有不少相似性，甚至有着相同的经历、背景，容易理解内部成员的思想、感情和意图，从而产生共鸣感。在弱势群体内部成员社会交往的过程中，可能围绕相关问题展开争辩、协商，这都会自发地产生信息交流与合作，这能够给参与者信息行为优化带来很好的契机。不管是信息援助人员与弱势群体之间还是弱势群体成员内部之间的关联、互动，都给弱势群体知识的积累和信息能力的提高带来了契机。

在信息援助人员与弱势群体之间的社会互动中，信息援助人员可以扮演"重要他人"（significant others）的角色。"重要他人"为美国著名的社会学家米尔斯（C. W. Mills）提出的概念，指对个体的社会化过程具有重要影响的具体人物。❷ 公共信息活动中的"重要他人"对弱势群体的影响远大于"非重要他人"。在社会性强化过程中信息援助人员要将自己定位为帮助弱势群体获取信息、开拓视野、提高技能的"重要他人"，依靠自己的人格魅力和高超技能对帮

---

❶　Bandura A. Social learning theory[M]. Englewood Cliffs, NJ: Prentice-Hall, 1977

❷　唐彬 . 重要他人研究述评 [J]. 江苏教育学院学报（社会科学），2010(9)：23-25.

扶对象产生重要影响。一旦信息援助人员被帮扶对象真心接纳并定义为他们的"重要他人"时，弱势群体就会将自己心目中的"重要他人"作为自我的参照对象，不断对比自身与"重要他人"的差距，不自觉地模仿"重要他人"的行为。信息援助人员可以因势利导，带领弱势群体一起从事公共信息活动，向他们展示自己的技能，帮助他们优化公共信息行为。在"干中学"的过程中，弱势群体也会不自觉地以"重要他人"为榜样，改掉自身的信息陋习，纠正自己的信息行为偏差。与言语指导、示范训练和信息素养培育不同，"重要他人"的影响形式为潜移默化式，模仿、暗示、感染的影响力可能无法立竿见影，但在理想的情况下甚至能达到根深蒂固的效果。尽管没有专门传授，对弱势群体的影响可能涉及公共信息活动的所有方面。在公共信息援助中一个弱势者可以同时具有几个不同的"重要他人"，他们分别对应着公共信息活动的不同领域或者弱势群体公共信息需求的不同方面。作为"重要他人"的信息援助人员应协同合作，共同帮助弱势群体获取公共信息、提高信息技能。

美国著名心理学家、作家朱迪斯·哈里斯（Judith Rich Harris）认为，群内偏好（in-group favoritism）、群间对比（between-group contrast）、群内同化（within group assimilation）等行为都会对群体成员产生影响 ❶。因此，弱势群体成员内部社会互动的影响也不容小觑。在弱势群体和信息援助人员的互动中，即使信息援助人员没有刻意强调其主导地位，由于其经济状况、知识水平、社会地位等因素的差距，弱势群体也不可避免地处于被动和服从地位。弱势群将信息援助人员视为"重要他人"时，就会以"重要他人"的价值观念、行为方式为导向，对"重要他人"的要求甚至达到了言听计从的地步，这种社会互动具有不平等性。

---

❶　Judith Rich Harris. Socialization, Personality Development, and the Child's Environments: Comment on Vandell [J]. Developmental Psychology. 2000(6)：11-23.

而弱势群体内部成员之间生活条件、收入水平、成长环境、社会地位都有其相似性，他们之间的社会互动和人际关系是在自愿基础上形成的、是对等的。即使有某种意义上的领导和服从行为，也是双向选择和自然协商的结果，是弱势群体乐于接受的，因而弱势群体内部成员之间的心理认同感较强。弱势群体内部成员的公共信息交流是以同伴教育的形式开展的。同伴教育（Peer Education）是指："具有相同性别、相似年龄、相同背景、共同经验、相似生理状况或由于某种原因使其有共同语言的人在一起分享信息、观念或行为技能，以实现教育目标的一种教育形式。" ❶ 在公共信息援助过程中，有些被援助对象的天赋较高，知识理解和吸收的能力较强，能够较为快速地掌握知识。先领悟知识要点的弱势群体可以将所掌握的知识传递给周围的其他被援助对象，甚至不自觉地承担了部分"信息援助者"的工作。弱势群体成员的同伴教育方式是一种互助式学习形式，在共同从事公共信息活动时可以相互探讨问题、交流看法，没有条条框框的束缚、畅所欲言，从而扩大了弱势群体的公共信息经验及信息能力。弱势群体成员之间可能存在竞争、冲突与调适，但是竞争、冲突本身就是不同观点的交锋，也能引发深层次的公共信息交流行为。让弱势群体内部成员通过自愿的方式相互学习交流，可以充分调动被援助对象的自主性与创造性，在参与过程中潜移默化地接收弱势群体内部成员所传递的信息技能。

为了保证社会性强化作用于公共信息援助的效果，弱势群体内部成员必须全身心地投入，积极主动地学习公共信息知识和信息技能；必须掌握社交和沟通的技巧，经常进行面对面的交流、探讨，解决争议和冲突；必须具有集体主义精神，团结友爱、互帮互助，不让一个人掉队，促进每个人的进步。利用弱势群体成员内部之间的社会互动来获取公共信息也是一种合作学习的形式。合

❶ 蒋海萍，朱开梅，覃耀飞等 . 大学生信息素养同伴教育模式 [J]. 初探华夏医学，2009(6)：1137-1140.

作学习理论最早可以追溯到第二次世界大战时期的奥尔波特（Allport）、沃森（Watson）等社会理论家，他们发现，相对于个人独立活动，小组合作可以更有效地完成任务 ❶。1937 年，研究者梅（May）和杜布（Doob）发现长期独立学习和工作的人更有可能表现出竞争的行为，合作行为不仅更有效，而且可以培养人的社会性 ❷。合作学习的方式有很多种，可以采用组探讨（Think Pair Share），拼图式合作（C Jigsaw），变式拼图式合作（Jigsaw II），翻转式拼图（Reverse Jigsaw）等，同时辅以相互讲信息故事、举办公共信息知识竞赛、做信息游戏等形式。信息援助人员应当结合当时的情况及不同的援助对象的特点加以选择应用。利用弱势群体成员内部之间的社会互动来获取公共信息，增强了公共信息援助活动的参与度，扩大弱势群体公共信息援助的影响范围，也真正地促进了弱势群体内部成员之间的理解与信任。

　　言语指导、示范训练、信息素养培育都是从信息援助者的角度出发，与前三种方法相比，社会性强化侧重于弱势群体内部的社会性互动，改变了知识传递的模式，由传授式转化为自组织式。与言语指导、示范训练、信息素养培育相比社会性强化显得更有生机和活力，但实施的难度更大，不可控因素也更多。信息援助过程中需要因人而异地制定援助方案，选择适用的方法。言语指导、示范训练、信息素养培育、社会性强化这四种方法并不一定需要独立操作，可以在信息援助的过程中同时融合多种方法来实施，也可以在信息援助的不同阶段采用不同的方法。例如，在初始阶段采用言语指导和榜样示范，中期阶段采用信息素养培育的方法，最后通过社会性强化的方法引导弱势群体自我提升信息技能。

❶　Allport. The Nature of Prejudice Reading[M]. MA: Addison-Wesley, 1954.

❷　王庆. 基于 Scratch 的中学生信息素养培养研究 [D] 西安：陕西师范大学，2015.

4.3　弱势群体公共信息援助的模式设计

信息援助针对性强、服务更主动、更周到。弱势群体信息援助不应采用单一的模式，要根据每次信息援助实施的具体环境、覆盖范围、援助对象的特点及其预期目标的情况来选择不同的操作模式。弱势群体信息援助的规模可大可小，可供选择的模式设计方式有：定点式、流动式、项目式、协作式、一站式、远程式、呼叫式七种类型。

4.3.1　定点式

定点式是指弱势群体公共信息援助的地点相对而言比较固定，一般就近选择弱势群体比较集中的区域设置固定的公共信息援助点。信息援助时可与当地的政府、企业、图书馆、信息中心等机构展开合作，地点可以依托于当地的政府办公室、居委会、社区图书馆、会议室和资料室等。例如，俄罗斯在全国推行"电子邮政计划"，利用邮政系统在全国拥有数量众多的分支机构的优势建立公共的信息接入点，以解决城市低收入者和偏远地区接入互联网问题，努力缩小不同人群间的数字鸿沟，为公众提供平等获取政府信息的机会。❶

定点式的信息援助将团队成员组织在固定的办公场所，没有空间距离的障碍，团队成员可一起讨论弱势群体信息援助的计划或方案，随时协商问题，促进了经验的交流与共享。信息援助点上存储了大量弱势群体所需要的图书、期

---

❶ 邱惠君，由先举，黄鹏．国外电子政务建设 [R]．中国信息年鉴，2004：12.

刊、报纸、档案、有声读物等文献资料，并利用黑板、海报、塑料板或者 LED
电子屏开设实时更新的公共信息橱窗或者宣传栏，同时配备了电脑、老花眼镜、
放大镜、无线读屏装置、盲人聋哑者专用软件等设备，方便各类弱势群体阅读、
浏览公共信息。如果弱势群体在阅读、浏览信息时遇到了障碍，会有专门的服
务人员介绍信息内容，讲解电脑及软件操作，帮助他们答疑解惑。如果对公共
信息服务有不满意之处可以把意见函或者反馈信投入援助点的指定信箱。信息
援助点定期组织知识讲座、交流会等，聘请专家为弱势群体讲解各方面的课程，
扩大他们的知识面，帮助他们提高信息技能。例如，广州图书馆、黔南州图书
馆等经常举行"盲人电脑爱好者活动"，为盲人定期进行计算机培训❶。定点式
的弱势群体公共信息服务对象比较固定，长期设点后，信息援助人员与当地的
弱势群体接触频繁、来往密切，能消除弱势群体的戒备心理和隔阂感，更好地
融入他们的生活环境中，比较容易掌握服务区域内的弱势群体的公共信息需求。
弱势群体可以定期访问这些信息援助点，信息援助团队成员也可主动地上门为
弱势群体进行信息服务，开展"上门借还书"或者"面对面朗读"诸如此类的
服务。例如，苏联以俄罗斯联邦"共和国中央盲人图书馆"为中心搭建特种图
书馆网，该网共有 69 个固定的盲人图书馆、142 个分馆，71 个为盲童和视弱儿
童设立的学校宿舍图书馆，以及 2200 个朗读小组❷。依托于固定的信息援助点，
援助人员可以与弱势群体密切互动，更清楚弱势群体的公共信息需求与公共信
息行为习惯，适合开展针对性较强的"一帮一""一助一"的定向公共信息服务，
还可以对帮扶对象开展长期的跟踪式服务，不断适应他们变化的公共信息需求。

---

❶　谭绣文.广州市盲人电脑爱好者兴趣小组"在广州图书馆成立. [EB/OL]. [2013-11-02].http://www.
chinalibs.ne t/Zhaiyao.aspx?id=61083.

❷　曹素美，周颖 . 俄罗斯盲人图书馆 [J]. 图书馆学刊，1988(3)：57.

定点式的信息援助有固定的场所，配有齐全的上网设备、信息技术培训设备和电脑教材。每年都可为信息援助点更新设备、增加人员、充实信息资源，有利于资源累积。定点式的信息援助可以借助当地已有的基础设施和信息设备，按照区域设点、分阶段有计划地推进援助方案。在投入最小的前提下，让弱势群体信息援助的成效最大化。定点式的信息援助可采用"金字塔式"组织结构，将全国弱势群体公共信息援助点划分为东部、西部、中部援助点。地区级的援助点下面又分为县市级的援助点，然后缩小到乡镇、村、社区、街道级的援助点，如图 4.7 所示。

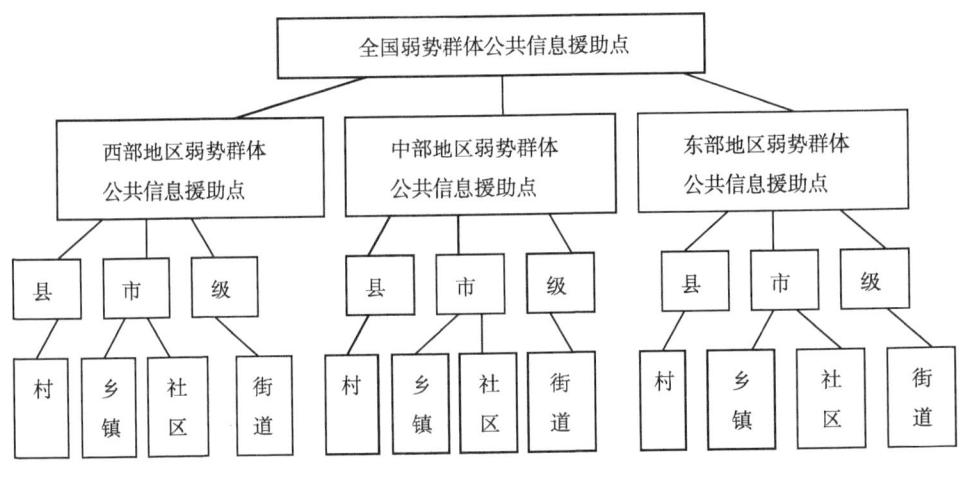

图 4.7　金字塔式的组织结构

信息援助点并不一定要重新设立也可以利用已有的机构如乡镇文化站、社区服务中心、农家书屋、社区残联等来实现，只不过需要将服务的重心转移到弱势群体的公共信息服务方面。例如，英、美等国就通过社区技术服务中心，把电脑设备和信息技术的操作技能提供给低收入者。这样不仅可以节约组建时间，还能节省运作成本，从而更好地为弱势群体服务。组建弱势群体公共信息援助点时不要急于求成，而要稳打稳扎。建设援助点不一定需要投入大量人员、设备、技术和经费，也不一定要覆盖较大的区域范围，但要考察当地的地理环境与交通状况，选择弱势群体方便到达的地方设立公共信息援助点。选择服务对象时可以先从弱势群体中挑选文化基础较好的人来参加，重点建设几个弱势群体公共信息援助示范点，这样能在较短时间内取得一些成果，能产生较好的示范性作用，提高了弱势群体参与的积极性。等到这几个示范点运行稳定、经验丰富、模式成熟时，可以作为弱势群体信息援助活动的标杆和范例加以推广，从而辐射带动周边地区，扩大弱势群体信息援助的影响力。

4.3.2　流动式

流动式非常机动、灵活，不设立固定的信息援助点，不必投入过多的经费，可以深入农村乡镇和城市街道社区，在弱势群体方便的地方开展信息援助活动。流动式的信息援助采用"哪有需要就往哪去"的执行模式，迅速响应弱势群体的公共信息需求。例如，美国公共图书馆流动服务项目多样而灵活、针对性强。针对服务区内老年人、残障人士、儿童、教养所、服刑人员等弱势群体的需求和特点来提供服务，使流动图书车的服务真正贴近弱势群体需求❶。流动式的信息援助运行成本相对其他模式而言较低，不必占用固定的办公场所、不受地点的制约，一般适用于二种类型的信息援助任务（如图 4.8 所示）。第一，流动式适合巡展型的弱势群体公共信息服务任务，可以广泛搜集各种图片、表格、声像、视频资料，通过举办专题讲座、展览、展播、会议、晚会等方式来呈现。例如，

---

❶　黄悦深. 中美流动图书馆服务比较研究 [J]. 图书馆学研究，2007(12)：5-7.

2009 年 5 月 8 日，国家图书馆为听障朋友举办国内首场无障碍专题讲座❶；山西省图书馆在夏季为农民工举行免费"消夏电影晚会"❷。

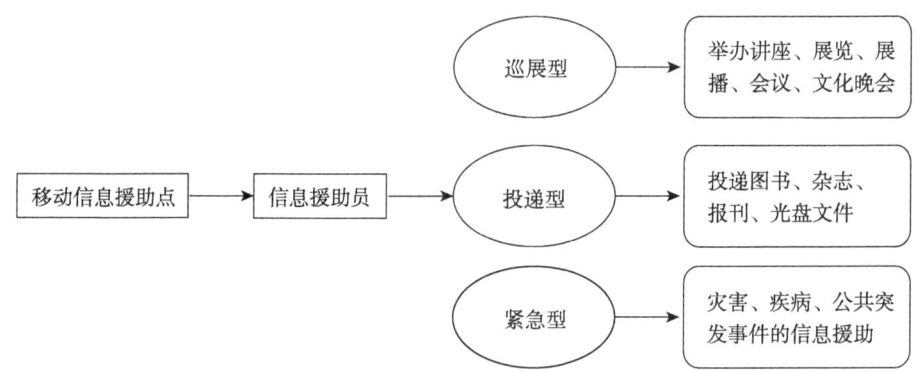

图 4.8　移动式的弱势群体信息援助的任务

第二，流动式适合投递型和上门式的弱势群体信息服务任务。有些人行动不便，或者工作繁忙时，信息援助人员应主动与其联系，可以设置老年公寓图书流动站、流动人口信息服务站、流动图书馆、社区信息服务中心等，将图书、杂志、报刊、光盘文件等资料投递到流动站或者直接投递到弱势群体工作场所或家中，供他们选择、使用，让他们足不出户就能获取公共信息。20 世纪 70 年代以来，各国图书馆都进行过将图书邮寄到残障人士家里的投递服务。

第三，流动式适合临时性、紧急性或突发性的弱势群体公共信息服务任务。当面临地震、台风、火山喷发等地质灾害或者非典、禽流感等疾病暴发或

---

❶ 陈力 . 国家图书馆为聋人朋友举办国内首场无障碍专题讲座 [EB/OL]. [2013-11-02].http://archive. wenmin g.cn/wmzg/2009-05/08/content_16471619_6.htm

❷ 刘奕君 . 我国公共图书馆为农民工服务的现状、问题及解决对策 [J]. 内蒙古科技与经济，2011(3)：133-135.

者遇到政府突发事件时，可以采用流动式的信息援助方式将弱势群体所需的公共信息及时送到他们手中。例如，美国拥有一站式服务移动车（Hassle-Free Communities Van），这样政府能在发生紧急状况时把服务送到公民面前 ❶。

　　流动式的信息援助看似随意、松散，其实对组织化的要求很高，因为一旦弱势群体有新的公共信息需求，公共信息援助者要做出迅速而有效的反应，有紧急任务或者突发事件也要马上采取行动。因此，信息援助流动站的工作人员要密切监测弱势群体周围信息环境的动态，随时响应弱势群体公共信息需求的变化，不能有松懈、怠慢的情绪。一旦下达了任务，信息援助人员要在第一时间赶到指定地点，按照弱势群体信息援助方案开展信息服务工作。信息援助人员随时保持联络，定期编写工作报告并及时返回信息，如果有必要可以根据实际情况，调整弱势群体信息援助方案。信息援助团队领导要及时掌握信息援助过程的进展，监测任务的执行情况，防止外派人员不听指挥。流动式的信息援助服务的范围比定点式要广，服务对象不是很固定，信息援助人员与弱势群体间很难建立紧密的互动关系，这无形中加大了公共信息援助的难度。因此，信息援助人员在每次活动的现场就要注意及时收集弱势群体的反馈意见，让他们以读者留言、用户提问等形式指出信息援助的成效与不足。

4.3.3　项目式

　　项目式的弱势群体信息援助以具体项目为中心，围绕着特定的项目展开。例如，北京市在 2006 年启动"信息化互助"项目，组建 7 个"数字家园"，为

---

❶ Service Canada Implementation Team. Review of International One-stop Access Initiatives [EB/OL]. [2013-11-02]. http://www. ices-isac.org/eng/pubs/sw bernardi.doc.

弱势群体提供无偿的信息化知识普及和上网培训❶。项目实施时具有较强的独立性，项目完成后弱势群体信息援助任务也就结束了。项目式的信息援助人员并不固定，人事变动较为频繁，成员依托于具体项目被召集在一起，随着项目结束而解散。每次都是不同成员的随机组合，因而管理和组织的难度较大。项目式的弱势群体信息援助可以遵循项目管理的方式执行。不论信息援助项目的大小，首先设置项目总负责人。由负责人挑选信息援助人员，安排人员的分工，指挥和控制信息援助项目的执行情况，监督团队成员的工作情况。如果信息援助的范围较广时，可组建多个信息援助团队。信息援助团队实行自我管理，能独立作业，分别为指定区域的弱势群体进行公共信息服务。团队的组织结构可以采用"变形虫式"的结构，如图 4.9 所示。

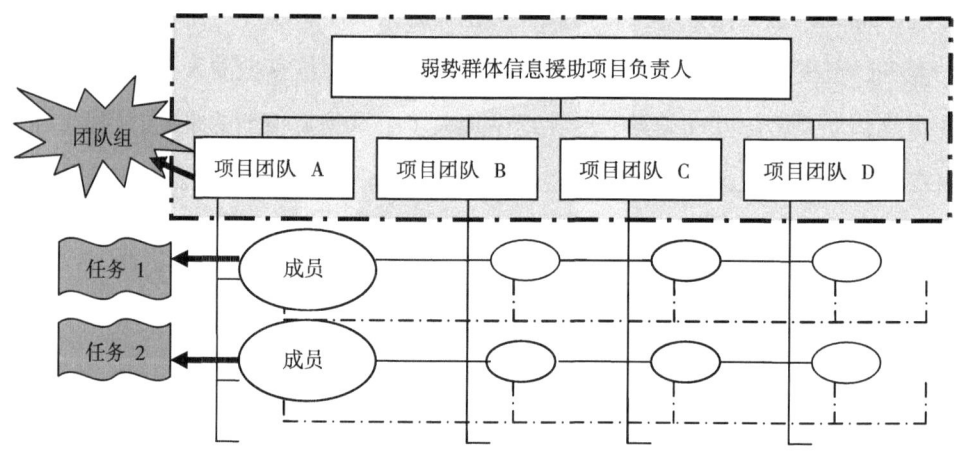

图 4.9　项目式的弱势群体信息援助团队组织结构图

---

❶　张郁.北京已建 121 个数字家园 [N]. 每周电脑报，2005-08-01.

"变形虫式"的组织结构灵活、弹性、适应力强，极具生机和活力而运作成本较低，适合以项目为单元的弱势群体信息援助任务。因为在"变形虫式"的组织结构中，信息援助成员才能够被及时地召集、协同完成特定的援助任务，项目结束时又可以被迅速解散。在"变形虫式"的组织结构中，信息援助成员只有分工，没有固定的职务，打破了僵化的层级型的管理格局，形成一种扁平化的管理网络，大大调动了信息援助成员的主观能动性和创造力。在依托于项目式组建信息援助团队的过程中，弱势群体信息援助活动按照项目提出、项目计划、项目实施、项目测评方式展开。项目提出阶段，要对信息援助活动进行可行性和必要性分析，当可行性和必要性两者都具备时才能启动项目。在项目计划阶段，项目总负责人可以邀请经验丰富的成员或者外聘的专家来设计援助方案。在项目实施过程中，要对项目进程实行有效的监控。例如，可采用甘特图，以时间为横轴，以项目进展情况为纵轴，将项目进程绘制在图上，并且将项目实施的重点和难点都在图上标注出来。项目结束之后，要对弱势群体信息援助的成效开展测评。从微观层面要从专门针对弱势群体的特殊服务或者专项援助入手，对弱势群体公共信息服务的数量和质量指标进行评估。从宏观层面，主要测评弱势群体公共信息援助、公共信息服务所产生的社会效益。

4.3.4　协作式

协作式一般适用于大型的弱势群体信息援助任务，信息援助的要求较高、任务重、情况复杂、涉及的地理范围较广，单凭政府部门的力量无法独立完成，所以需要召集企业、事业单位、第三部门等不同组织的人员，结成信息援助联盟，整体联动，共同完成。协作式是指通过合作型的组织形式和团队运作机制将不同组织的相关人员整合在一个平台上，分工协作共同完成弱势群体信息援助方案。传统的公共信息服务效率不高，是因为缺乏统一的组织和管理，服务机构各自为政，缺少必要的沟通和协调，公共信息无法有效共享，经常进行重复性的劳动。协作式打破了信息孤岛式的公共信息服务模式，从各部门、各单位抽调人员，各自发挥所长，将政府机构、企业、事业单位、第三部门整合为一个开放的协作网络，充分利用资源整合的优势，协同作业实施弱势群体信息援助，以此形成协作效益。来自学术界、政府机构和信息服务协会的成员，可以为弱势群体信息援助献计献策，同时提供人员、资金、技术等多方面的支持。信息技术公司、企业可以为弱势群体设计新的信息产品、研发新的公共信息服务系统、改善信息设备。第三部门的志愿人员可以为弱势群体进行信息培训，提供智力支持。例如，自 2006 年 11 月起深圳图书馆就联合深圳市信息无障碍研究会合作办起了盲人电脑免费培训班，起到了很好的效果。❶

信息援助联盟的成员包括：团队领导者、信息收集员、信息分析员、信息技术员、信息援助员。一旦弱势群体提出公共信息需求，协作平台上的有关人员，可即时交流讨论，商议问题的解决方案。协作式信息援助组织难度较大，团队领导者要从整体上对弱势群体公共信息服务进行把关，横向串联、协调处理政府机构、企业、事业单位、第三部门等各部门的信息援助工作。在协作平台中，信息援助都是以并行工作的方式执行的，需要综合使用信息收集技术，信息分析与预测技术，信息交流、传播与展示技术，以及信息无障碍技术以增强信息援助的效果（如图 4.10 所示）。

---

❶ 陈若韵. 公共图书馆弱势群体服务实效及解决方案 [J]. 图书馆建设，2008(10)：104.

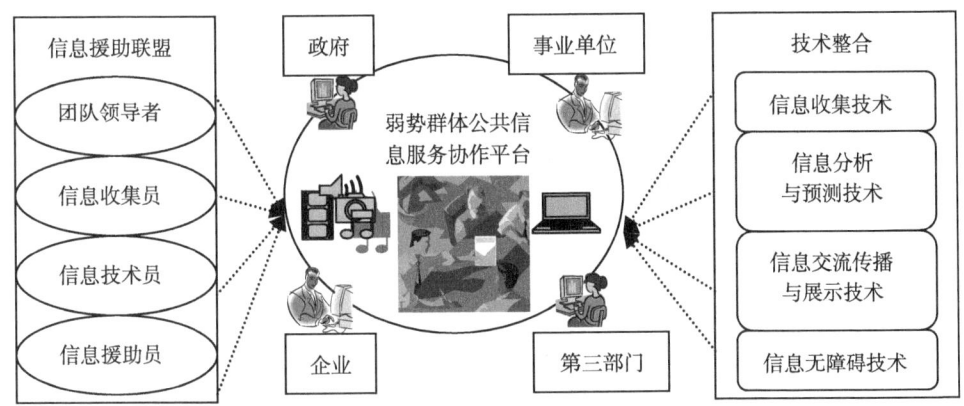

图 4.10　协作式的弱势群体信息援助的框架

　　尽管弱势群体信息援助人员不一定能时时进行面对面交流，但在信息时代地理距离已经不再成为协同工作的障碍，利用电子邮件、讨论群（组）、视频会议、共享空间、即时聊天工具等可实现畅通快捷的交流。如果需要加强信息援助团队之间的沟通交流与信息共享，可以在办公室的宣传栏或者网络共享空间（共享文件夹、论坛、博客）上悬挂信息援助工作计划图、进度图、方案图等，方便所有的团队成员都能随时查阅信息援助工作的进展。在协作式弱势群体信息援助中团队成员可以利用通信技术和网络技术，添加音箱、话筒和摄像头等外部设备，优化沟通渠道，自由地交流经验，共同探讨解决弱势群体信息障碍的对策，形成开放的协同文化。团队成员取长补短、学习效益较为显著。

　　协作式的弱势群体信息援助，对各方面的资源和平台进行了整合，把电话、手机、传真、互联网平台等各种渠道的服务方式整合在一个协同平台上，组建全方位的公共信息服务体系，最大可能地保障弱势群体的公共信息权益。总之，协作式的弱势群体信息援助的优势在于：① 多人可以共同操作同一个信息援助项目；② 可以异地同步实施弱势群体信息援助方案；③ 集思广益，汇集各方言论，增加了项目实施的可行性；④ 通过集中优势资源，整合各方力量，提高了弱势群体信息援助的效率。

4.3.5 一站式

"一站式"是对弱势群体来说最理想的、最方便的信息援助模式。西方国家历来重视推行"一站式"的公共服务。有些国家以立法的形式确立了一站式服务机构的法律地位，例如澳大利亚的 Centrelink 机构 ❶。"一站式"的弱势群体信息援助实施难度较大，弱势群体对它的期望较高，没有现成的规律可循，没有捷径可走，需要信息援助团队成员以创新性的思维深化公共信息服务内容，以满足弱势群体不断变化的公共信息需求。

"一站式"的弱势群体公共信息服务既可采用上门服务的方式，又可设置信息投放点或"信息便利店"。例如，国外许多国家利用"自动公共服务亭"开展一站式的信息服务，如美国"Hassle-Free Communities"项目中数以千计的 Kiosks 就很有代表性 ❷。在弱势群体方便访问的地方设置一定数量的公共信息投放点或信息便利店、公共信息服务亭（厅）。公共信息查询的流程尽量简单，一目了然，并且一步到位，能让弱势群体精准而全面地查询需要的公共信息。如果弱势群体不知道如何操作，可以查询公共信息服务点上的帮助系

---

❶　Australian Government. Centrelink Home Page [EB /OL].[2013-06-03].http: //www. centrelink.gov.au.html.

❷　Service Canada Implementation Team. Review of International One-stop Access Initiatives [EB/OL]. [2013-11-02].http://www. ices-isac.org/ eng/pubs/ sw bernardi.doc.

统，免费打印操作文档，详细浏览操作说明。如果遇到困难，弱势群体还可以使用电话帮助系统，选择人工咨询服务，通过电话实时向信息援助人员咨询。公共信息投放点或信息便利店、公共信息服务亭（厅）的数量依据弱势群体的数量及空间分布数据计算而来，通过运筹学的模型推测出最佳位置，达到经济实用的效果。

"一站式"的弱势群体公共信息服务针对性较强，在信息化程度较高的地区，还可以依托于一站式信息援助平台来实现。一站式信息援助平台的设计较为复杂，技术要求也较高，可以采用模块化的设计方式，分为用户需求识别模块、信息采集模块、信息分析模块和信息推荐模块四个模块来实现，如图 4.11 所示。

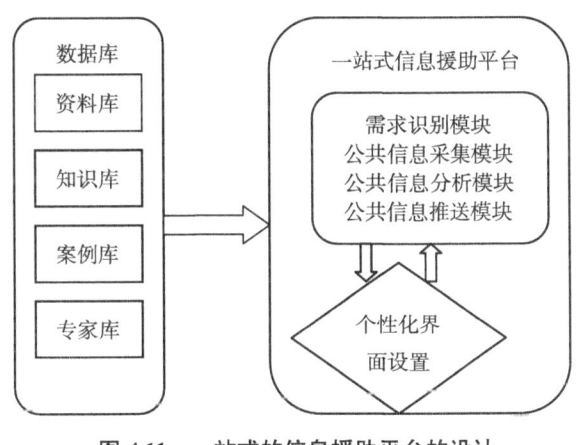

图 4.11　一站式的信息援助平台的设计

① 需求识别模块。个人信息识别依靠"用户注册"来实现，需要填的信息有：姓名、身份证号码、年龄、性别、职业、联系方式（包括电话号码、电子

邮箱、家庭地址等），在个人信息备注可以附加个人兴趣、公共信息需求、遇到的公共信息困难等方面的说明，然后利用数据挖掘技术对这些公共信息进行挖掘，提炼出弱势群体个性化的公共信息需求。② 公共信息采集模块。信息采集模块针对弱势群体个性化的公共信息需求，以自动采集的方式通过访问文件系统、数据库、资料库、专家库、互联网等多种公共信息源集中全面地收集弱势群体需要的各种形式的数据、信息、资料、案例等。一站式弱势群体公共信息服务平台采集到的信息必须全面、新颖、有针对性，要对公共信息进行整合、集成、实时更新，使得弱势群体通过此界面能访问到需要的所有公共信息。③ 公共信息分析模块用于对信息采集后的公共信息进行加工、整理。该模块针对弱势群体的公共信息需求设置分类过滤规则和关联规则，为弱势群体过滤掉无关的、不感兴趣的公共信息，对采集到的各种公共信息进行自动分类，然后对信息进行加工提炼与分析，与弱势群体的偏好、兴趣、需求自动建立关联，实现个性化的公共信息加工。④ 公共信息推送模块。为了实现一站式弱势群体公共信息服务，除了要为弱势群体提供一般化的公共信息内容之外，还需要对弱势群体的个人信息进行识别，根据弱势群体用户差异性的信息需求来提供个性化的信息推送服务，免去了弱势群体寻找信息这个烦琐的过程。公共信息推送时，依托个性化的信息推送界面如"我的信息库"，集中推送每个人所需要的公共信息。在"我的信息库"中可以自主收藏信息入库，也可以自由浏览一站式服务平台定期推送的新信息。为了收集弱势群体的反馈意见，可以设置用户点评功能，按照满意程度对平台推送的信息打分。平台还可专门设置用户反馈栏目，方便弱势群体提出改进意见。

一站式弱势群体公共信息服务平台的目标：按弱势群体指定的方式将弱势群体需要的信息"一站式"地推送给他们。一站式服务平台在版式设计、页面呈现、栏目导航方面都按照弱势群体的喜好来定制，方便他们迅速浏览、寻找感兴趣的公共信息。一站式服务平台为弱势群体提供了多样化的模板选择，例如老年用户模板增设了大字体、改变字体颜色等功能，残障人士模块配备了屏幕阅读器、语音播放控件等，这些人性化的设计特别便于不同类型的弱势群体访问和使用。

4.3.6　远程式

远程式依托于强大的通信技术及网络技术，突破空间的限制向弱势群体提供信息援助。信息援助活动依靠电话热线或者互联网，完成特定的信息援助任务或远程指导不同地区的弱势群体公共信息服务活动。

远程式信息援助可以采用设置弱势群体公共信息咨询热线的方式展开。图书馆、档案馆、信息服务中心等可以配备信息远程咨询员，开通专门的弱势群体服务热线，设置弱势群体信息咨询台。如果弱势群体碰到信息问题，打个电话就可向远程咨询员求助，在第一时间寻求问题的解决方法。为了提高信息咨询的专业化程度，可以开设法律、科技、就业、医疗等不同主题的咨询热线。

远程式信息援助可以采用平台的方式开展，此平台主要由远程教育信息援助子平台、远程医疗信息援助子平台、远程就业信息援助子平台、远程法律信息援助子平台、远程科技信息援助子平台构成，弱势群体可以根据自己的需要选择相应的子平台，如图 4.12 所示。

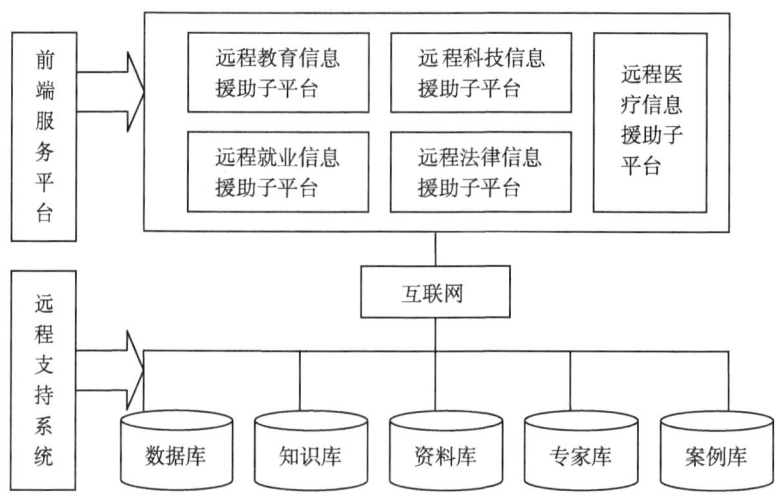

图 4.12　远程式的信息援助平台的设计

　　远程教育信息援助子平台利用网络授课的形式向弱势群体提供学习的教学资源，召集信息技术人员和教师设计课程框架结构，完成文字课件及视频讲座的录制，实现网络课程的开发。具体来说，可根据弱势群体不同水平和不同层次的需要，按不同专题的课件进行讲解。例如，可以设计初级、中级、高级培训课程。弱势群体信息远程教育平台与一般性的远程教育平台不同，在设计上要遵循无障碍的使用原则，要增加一些如读屏软件等无障碍设备，方便残障人士操作。弱势群体信息远程教育平台投入使用前可以组织弱势群体进行测试，检测功能是否完善、界面是否友好、操作是否方便，及时发现系统问题和漏洞并加以修正。远程式信息援助平台建成后最好能先上门为弱势群体开展培训，将平台的操作流程、使用方法详细地介绍给弱势群体。

　　远程科技信息援助子平台能为弱势群体提供科技方面的信息援助，特别是农民群体需要的农业技术信息。农业部于 2006 年开通了"12316"三农服务热线❶,农民可以通过此热线平台提供的远程视频诊断系统向专家咨询农业科技信息。专家借助于远程视频进行诊断,回答农民提问,此平台还具备视频会议、远程培训、视频全自动录播、农户数据共享等其他方面的功能。

　　远程式法律信息援助子平台提供了大量关于合同法、劳动法、婚姻法、消费者权益方面的法律法规、法典案例、法理常识方面的资料,并且能为弱势群体提供针对实际问题的法律信息援助。当弱势群体权益受到侵犯或者需要咨询涉及婚姻、劳动、合同、刑法等方面一切的法律事务时可以利用此平台联系法律专家。法律信息援助子平台的专家由愿意向弱势群体提供免费法律援助的律师或资深法律顾问组成,可远程回答弱势群体的疑问,提供专业的法律建议,为他们制定关于法律纠纷的详细分析方案或者通过电子邮件帮他们代拟法律文书等。

　　远程就业信息援助子平台能扩大弱势群体的选择面,解决了求职信息不对称的难题,克服了弱势群体求职无门的困境。例如,2007 年 1 月开通的"中国务工"就是一个专门为农民工提供务工信息援助服务的平台,帮助进城打工的农民寻找就业机会❷。远程就业信息援助子平台针对当前经济形势下弱势群体就业难的问题,为弱势群体搭建电子化的人力资源供需桥梁,联合各大企业发布劳务需求、登记招工和招聘岗位等信息,提供海量的工作岗位选择,待业者通过此平台查询匹配岗位、填写电子简历、发布求职信息,实现"电子求职"。平台还可以结合手机短信的形式定期向注册用户发招聘信息方面的短信,帮助弱势群体及时掌握招聘岗位的需求情况。平台上还保存了大量的面试技巧、技能

---

❶　刘启文. 赤峰市农村综合信息服务的现状与对策 [J]. 内蒙古农业科技,2011(1) : 6-8.

❷　高一村. 公共信息服务 : 如何补齐农民工这块"短板" [N]. 中国社会报,2007-02-07.

培训、职业教育、继续教育方面的信息，帮助弱势群体充实自身、获得更多的就业机会。

远程医疗信息援助子平台，可以帮助弱势群体特别是残障人士和患者解决疑难杂症。此平台力争整合全国的近百家三甲医院、科室及专家资源，提供在线就诊服务。患者可以查询疾病的治疗保健信息，向在线医生咨询疾病治疗方案，还可以自由选择医院和专家预约挂号、就诊。遇到疑难杂症时，平台上的专家可以通过视频会议系统集中商议治疗方案联合为患者提供最终治疗方案，也可以搜索平台病历库中的类似病案，思考疾病的应对策略。

采用远程式信息援助时，公共信息服务人员不用上门为弱势群体服务，只是在远距离的地方遥控指导。公共信息服务人员与弱势群体之间缺乏面对面的互动，沟通交流的难度较大，因此需要着重考虑信息交流技术的应用。信息援助人员可以利用电话、电子邮件、视频会议、BBS、博客、即时聊天工具（如QQ、微信）等帮弱势群体答疑解惑。

远程式的信息援助平台功能强大、技术先进，但建设成本较高，对弱势群体的信息技能的要求也较高，可以放在经济水平较高、信息基础较好的地区来建设。如果当地的信息基础设施特别是网络基础设施还不完善时，建议不要采用此种模式。可见，在弱势群体信息援助实践中，并不是采用某一固定模式操作、完成，可以根据弱势群体的特点和需要及当地的实际情况来选择适合的信息援助模式。

4.3.7 呼叫式

虽然目前通过网络进行公共信息服务业已成为主流，但是电话的功能仍然不可小觑，哪怕在互联网用户比例相当高的美国，进行公共信息服务时仍然保留了电话呼叫的模式。对于那些文化水平不高、信息技能欠缺的弱势群体在无法操作计算机系统或者经济困难无力购买计算机时，信息援助人员就可以选择以电话（包括固定电话和移动电话）为基础的呼叫式公共信息服务。根据工业和信息化部的统计，截至 2016 年年底，全国电话用户总数达到 15.3 亿户，其中移动电话用户 13.2 亿户 ❶。以上数据显示，目前我国的电话覆盖率和拥有率很高，已成为当今社会普及率最高的通信工具。本研究调查发现，就连收入微薄的弱势群体大部分都拥有固定电话或者移动电话，电话拥有率高为弱势群体公共信息服务提供了设备保障。另外，近年来随着智能手机的发展，移动电话的功能也越来越强大，不仅可以通过它实现语音对话，还可以利用它发送文本信息及多媒体信息，更可以通过它连接到互联网，享用互联网上丰富的资源。因此，电话普及率高、功能强大、操作方便，大多数无法使用计算机的弱势群体可以方便地通过电话呼叫来获取公共信息服务。组建以电话为基础的公共信息呼叫中心，将有效地扩大公共信息服务的覆盖面，从而能够有效地减少数字鸿沟所产生的信息不平等现象。

目前各地有很多以电话为基础的公共信息服务平台或者政府信息呼叫中心。2005 年，浙江省宁波市开通了 81890 政府信息服务呼叫中心 ❷；2009 年 6 月，云南省政府部门和电信公司合作，设立了 96128 政府信息查询专线 ❸。这些公共信息呼叫中心取得了不错的社会影响，但这些公共信息呼叫中心都针对社会

---

❶　工业和信息化部.工业和信息化部关于电信服务质量的通告.（2017年第1号）[EB/OL]. [2017-10-10]. http://www. miit.gov.cn/ n1146290/n4388791/c5477814/content.html.

❷　戴云. 81890：探索公共服务运作新模式 [J]. 上海信息化，2006(6)：39-41.

❸　俞仕贵. 云南省政务信息查询 96128 专线开通 [N]. 文山日报，2009-06-25(1).

一般群体，并不能十分吻合弱势群体的特殊需求，因此最好设置独立的弱势群体公共信息呼叫中心，专门解决弱势群体的信息困难。弱势群体公共信息呼叫中心可以以城市为单位，每个城市设立自己独立的呼叫专线，组建本市的公共信息呼叫中心；也可以以全国为单位，在全国范围内设置统一的呼叫平台，联动全国所有的公共信息服务部门，为弱势群体提供集成式的公共信息服务，如图 4.13 所示。

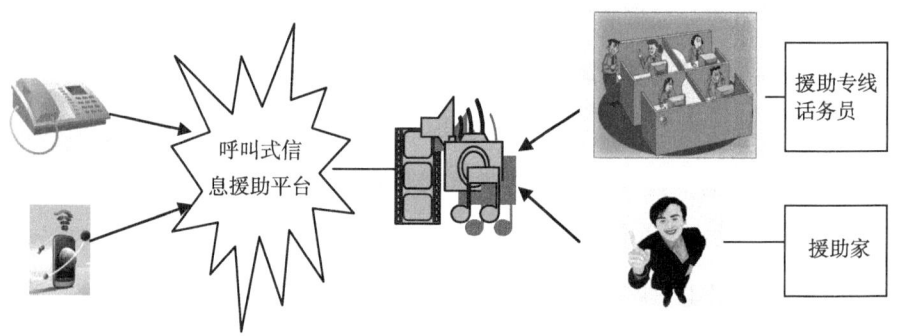

图 4.13　呼叫式的信息援助平台的设计

呼叫式弱势群体信息援助虽然较为传统，但操作方便，快捷高效，可以让拨打热线电话的任何年龄、职业、民族、学历的弱势群体享受到无缝隙的集成式公共信息服务。如果老年人或者少数民族群众不习惯用普通话进行咨询，可以委派懂得当地方言或者民族语言的信息援助人员进行应答。被呼叫的信息援助人员尽量使用通俗易懂、贴近口语的词汇说明解释，避免使用书面用语和晦涩难懂的专业术语。即使要向弱势群体解释复杂的技术问题，也要尽量深入浅出，最好配以形象的实例帮助弱势群体理解。

弱势群体公共信息呼叫中心的信息援助人员主要由专线话务员和专家组成。专线话务员履行的职能有：① 电话咨询预受理；② 甄别弱势群体类型及相应的公共信息需求；帮助弱势群体理清含糊不清的信息需求；③ 根据语言需要，除了普通话以外，还可以用方言或者少数民族语言与弱势群体进行沟通；④ 为弱势群体调取公共信息呼叫中心的知识库、资料库、案例库中保存的公共信息；⑤ 对弱势群体提出的简单问题进行回答；⑥ 对无法回答的问题或者难度较大的问题，提供转接服务将电话转接给相应领域的专家来解答；⑦ 定期汇总弱势群体的反馈意见或者投诉意见，并监督这些反馈信息的落实情况。在条件允许的情况下，呼叫中心可以设置接线专员 24 小时接受来电咨询，对弱势群体的问题和需求予以详细记录并做出及时解答，提供 7×24 小时的弱势群体公共信息服务。如果遇到专线话务员无法回答的问题，弱势群体仍然只需利用固定电话或者移动电话，拨打信息援助中心电话号码，提出信息援助请求，系统马上会智能分配相应领域的专家来应答弱势群体的来电咨询，弱势群体可以实时获得问题答案。即使预先分配的领域专家无法作答或者援助对象不满意前次咨询结果时，系统可以重新查询专家库，指派其他专家应答。这种有针对性的交互应答极大地提高了公共信息服务的效率和弱势群体的满意度。专家的职责是：① 对弱势群体公共信息呼叫中心进行统一规划；② 提出系统升级或者改版的建议，开发新的应用程序；③ 及时回复专线话务员转接过来的提问，向弱势群体提供详细的解释服务。在弱势群体公共信息呼叫中心这个统一平台上，弱势群体和话务员及专家密切互动，弱势群体只需动手打个电话就可以了解政府政策、时事动向，反映问题、办理公共事务，能够享受到极为便捷的公共信息服务。

第 5 章　弱势群体公共信息援助的个性化方案

　　弱势群体是一个统称型的概念，还可以细分为多种不同的群体，每种子类型的弱势群体的公共信息需求与行为存在显著差异，因而弱势群体公共信息援助方案也应该多样化。本研究根据需要在生理性弱势群体中重点研究残障群体和老年群体，在地理环境性弱势群体中重点研究农民群体，在经济性弱势群体中重点研究就业困难群体。残障群体、老年群体、农民群体和就业困难这四种弱势群体类型不是严格区分的，各类别中存在着一定的交叉关系，但这四种类型群体面对的公共信息障碍存在明显差异，如表 5.1 所示。

表 5.1　不同类型的弱势群体的公共信息障碍

群体类型	突出的公共信息障碍
农民群体	由于地区间、城乡间的信息基础设施差异较大、信息化程度发展不平衡，在偏远的农村地区，农民群体对于公共信息缺乏的了解和认识，缺乏参与信息活动的意识，不知道如何维护自己的公共信息权益。

续表

群体类型	突出的公共信息障碍
就业困难群体	由于找不到合适的工作、收入不稳定，可能不便或者无法购买信息设备，不懂得计算机的具体操作方法，不清楚就业信息的搜集程序，很难通过自己努力寻找到工作方面的信息。
老年群体	因身体机能老化产生的视听能力下降、手脚不方便的问题，思维速度减弱、反应迟钝、学习能力下降的问题。很多老年人思维保守、墨守成规不愿意了解新兴的信息技术。
残障人群体	身体方面的残障：听力损伤或丧失、视力损伤或丧失，无法获得语音或视觉信息。肢体器官损伤，行动不便，不方便访问或无法访问户外的公共信息服务场所，不方便操作或者无法操作普通的计算机设备。 智力方面的残障：智力的障碍，信息沟通能力、信息理解能力较低，不方便或者无法进行正常的公共信息活动。

以上群体在公共活动方面存在诸多不便，本研究根据这些人群的特征，具体设计针对四类人群身体状况、经济条件、生活水平及生存环境的公共信息援助方案。

5.1　面向农民群体的个性化方案

目前，我国农业人口的比重仍然很大，农村的信息基础设施不完善、信息设备的拥有率没有城市高，城乡间的信息鸿沟还很明显。公共信息援助时不能忽视人数最多的农民群体。农民群体的公共信息援助主要从加强农村的信息基础设施建设，改善农村信息服务的环境，有针对地满足农民的信息需求，优化他们的信息行为入手，力争为农民群体提供更好的公共信息服务。

5.1.1 农民群体的公共信息需求与公共信息行为调查

为了有针对性地了解农民群体的公共信息需求和公共信息行为,本研究针对农民群体进行了细致的调查。本次调查历时半年,在正式调查之前对农民群体进行了预调查。根据预调查反馈的结果,调整了问卷的不合理之处,进一步完善了问卷设计,形成了正式问卷的模板。由于本次调查的难度较大。在抽样方法上考虑到农民群体的实际情况无法采用随机抽样,因此本研究依据非概率抽样,采用方便抽样的方法,在调查时尽量与被访者充分解释问卷的基本内容,当场回答被访者的疑问,以降低就业困难填写问卷的难度。本研究针对农民群体发放 120 份问卷,回收 113 份问卷,回收率为 94.2%。被调查对象的详细情况如表 5.2 所示。从调查结果可以看出,被调查者主要集中于 21~65 岁之间的年龄段,女性比例略高于男性,文化水平处于初中及以下的比例较高,可支配月收入处于 2000 元以下的水平,大部分人收入还算稳定,不过多数情况下支出大于收入,以上情况符合弱势群体的特征。

表 5.2 调查对象的基本情况

基本特征		频数	百分比(%)	基本特征		频数	百分比(%)
年龄	≤20 岁	1	0.9	性别	男	48	44.4
	21~40 岁	42	38.9		女	60	55.6
	41~65 岁	45	41.7	个人收入	500 元以下	14	13.0
	≥65 岁	20	18.5		501~1000 元	24	22.2
文化程度	不识字或仅能够阅读	14	13.0		1001~1500 元	29	26.9
	初小	22	20.4		1501~2000 元	23	21.3
	高小	6	5.6		2000 元以上	18	16.7

基本特征		频数	百分比（%）	基本特征		频数	百分比（%）
文化程度	初中	33	30.6	收入来源	在家务农	50	46.3
	职业高中	4	3.7		外出打工	44	40.7
	普高	6	5.6		做小生意	6	5.6
	中专、中技	5	4.6		社会救济	3	2.8
	电大、函大、职大、夜大、成人高考	1	0.9		其他	8	7.4
	大专	3	2.8	稳定情况	收入稳定	58	53.7
	本科	13	12.0		收入不稳定	50	46.3
	研究生教育	0	0.0	收支情况	收大于支	15	13.9
	私塾	1	0.9		支大于收	41	38.0
	其他	0	0.0		收支均衡	52	48.1

　　尽管前面对弱势群体信息需求和信息行为的共性特征进行了调查，不过农民群体的信息意识、信息需求和信息行为有自己鲜明的特色，需要进行有针对性的调查。针对农民群体的调查发现，3.7% 的农民觉得公共信息对自己生产生活的影响程度很高；18.5% 的农民觉得公共信息对自己生产生活的影响程度较高；43.5% 的农民觉得公共信息对自己生产生活的影响程度一般；24.1% 的农民觉得公共信息对自己生产生活的影响程度较低；10.2% 的农民觉得公共信息对自己生产生活的影响程度很低，如图 5.1 所示。

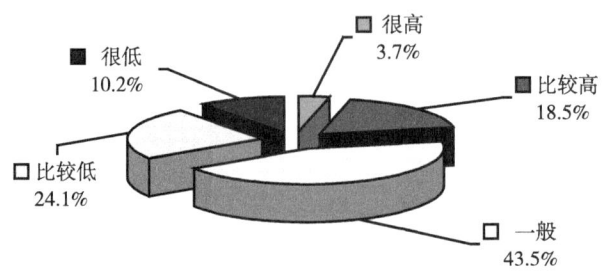

图 5.1 农民群体公共信息意识调查

农民群体对公共信息内容的需求是多方面的，其中 68.5% 的农民需要农作物品种开发与销售信息，65.7% 的农民需要农村社保信息，65.7% 的农民需要医疗卫生信息，60.1% 的农民需要天气地理信息，50% 的农民需要农业科学技术信息，33.3% 的农民需要教育培训信息，28.7% 的农民需要打工信息，21.6% 的农民喜欢了解乡村里的新鲜事。很多时候农民想了解乡村的新鲜事情主要是为了笼络感情和人际交流，这一点与其他群体的公共信息需求有明显区别。20.4% 的农民需要经济金融信息，20.4% 的农民需要生活实用信息，18.4% 的农民需要交通出行信息，14.8% 的农民需要文学艺术、历史文化信息，13.0% 的农民需要法律信息，11.5% 的农民需要政治时事信息，如图 5.2 所示。

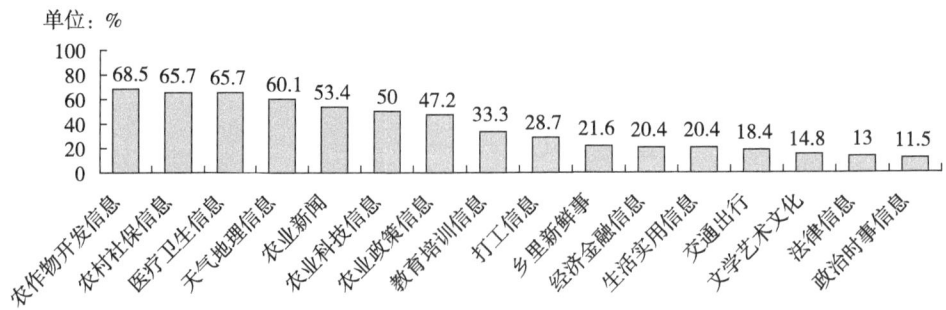

图 5.2 农民群体获取公共信息类型调查

目前农村的电视、手机或者电脑的拥有率已经上升了，本研究的调查发现，电视机的使用率高达 97.2%，手机的使用率也达到 82.4%，电脑的拥有率为 42.6%、收音机的拥有率为 23.1%，专门订阅报纸的农民占 10.2%。这些现代化的信息设备丰富了信息流通和传播的渠道，扩大了农民群体接触公共信息的机会。公共信息获取渠道中，农民群体获取公共信息渠道中选择电视的比例最高，达到了 83.3%。子女、亲朋好友和熟人介绍仍然排在第二位，比例为 65.7%。随着互联网在农村地区的推广，选择网络查询的比例较高为 25%。选择公告栏、宣传栏的比例占 15.7%，选择书籍、报纸、杂志的比例占 13.9%，选择广播的比例占 13%，选择农村信息服务站的比例占 6.9%，而选择图书馆（或农家书屋）的比例仅占 2.8%。选择政府的比例也很少。有被访者提到："到政府咨询关于医保的问题，政府工作人员相互推，结果白去了。""如果对于同一件事情，不同消息渠道有不同的说法"时，56.5% 的农民最相信政府文件，16.7% 的农民最相信电视，12% 的农民最相信权威人士，1.8% 的农民最相信书刊，1.8% 的农民最相信报纸，0.9% 的农民最相信社会流传。有些农民认为网络不可靠，有被访者表示："自己的辨别能力不高，不相信网络，感觉网上的东西都太假。"

"认为目前提供的公共信息种类非常少"的农民占 6.5%，"认为目前提供的公共信息量非常少"的农民占 6.5%，"认为目前提供的公共信息服务方式非常少"的农民占 16.7%，"认为目前提供的公共信息的准确性非常差"的农民占 2.8%，"认为目前提供的公共信息的时效性非常差"的农民占 2.8%，"认为目前提供的公共信息服务的便捷性非常差"的农民占 6.5%，详细情况如表 5.3 所示。有被访者表示："基层政府基本不会对相关的社会政策或信息予以公开。"

表 5.3　农村公共信息服务的状况

单位：%

类目	非常多	比较多	一般	比较少	非常少
1. 信息种类	2.8	8.3	40.7	41.7	6.5
2. 信息量	1.8	10.2	33.3	48.1	6.5
3. 服务方式	0.9	5.6	32.4	44.4	16.7
类目	非常好	比较好	一般	比较差	非常差
4. 信息准确度	0.9	19.4	50	26.9	2.8
5. 信息时效性	1.8	13.9	31.5	50	2.8
6. 服务的便捷性	0.9	8.3	50	38	6.5

　　1.8% 的农民认为当地有比较完善的公共信息服务的机构或设施（如建立了信息公告栏、农业科技信息推广站、公共信息服务站等、村务公开的公共信息亭或公共信息网）；56.5% 的农民认为当地有部分公共信息服务的机构或设施，但只局限于少数区域；29.6% 的农民认为当地十分缺乏公共信息服务的机构或设施；12.0% 的农民表示自己不了解当地公共信息服务的机构或设施的情况。农民对公共信息服务的满意度偏低，0.9% 的农民非常满意目前的公共信息服务；9.3% 的农民比较满意目前的公共信息服务；58.3% 的农民感觉"一般"；29.6% 的农民比较不满意目前的公共信息服务；1.8% 的农民非常不满意目前的公共信息服务。

　　75.9% 的农民认为自己存在公共信息障碍；66.7% 的农民认为知识水平不高、信息技能低给自己造成了公共信息障碍；60.5% 的农民认为农村基础设施差给自己造成了公共信息障碍；50.9% 的农民认为收入少、经济状况欠佳，给自己造成了公共信息障碍。有被访者提到："家里比较困难，无法买电脑。"38.5% 的农民认为缺乏针对农民群体需求的公共信息服务给自己造成了公共信息障碍；37.0% 的农民认为缺乏公共信息服务人员的帮助给自己造成了公共信息障碍；36.1% 的农民认为"政府部门措施不得力"给自己造成了公共信息障碍。如图 5.3 所示。

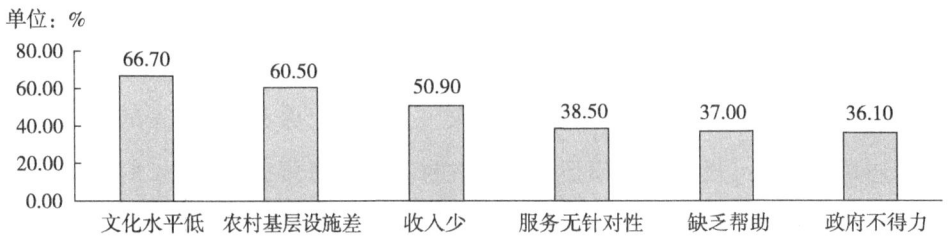

单位：%

图 5.3　农民群体获取公共信息障碍调查

98.2% 的农民认为在农村获取公共信息服务比城镇要困难，可见城乡之间公共信息服务不均衡。当问及公共信息服务不均衡的原因，71.3% 的农民认为公共信息服务不均衡是由于城乡之间的发展政策不同导致的，74.1% 的农民认为是由于各地政府的财政投入不同，67.6% 的农民认为是受教育程度不同导致的差别，54.2% 的农民认为是由于收入水平不同导致的城乡差别，53.7% 的认为是由于信息技能不同导致的差别，相对城市来说，农村的信息资源较少，公共信息基础设施薄弱，有的地区没有开通宽带，有的农民没有电脑。农村地区公共信息服务机构缺乏，适合于农民使用的公共信息太少，公共信息服务的针对性不强，诸多问题困扰着农民群体。

5.1.2　农民群体公共信息援助的方案

很多因素阻碍着农村公共信息服务的发展，本研究的调查发现：66.7% 的农民认为缺乏农村公共信息服务人才阻碍了农村公共信息服务；59.3% 的农民认为农村公共信息服务基础设施不完善阻碍了农村公共信息服务；57.4% 农民认为被服务对象的信息技能偏低阻碍了农村公共信息服务；57.4% 的农民认为农村公共信息服务机构不完善阻碍了公共信息服务；52.8% 的农民认为农村公共信息服务人员的思想观念陈旧阻碍了农村公共信息服务；50.0% 的农民认为农村公共信息服务投入经费不足阻碍了农村公共信息服务；39.8% 的农民认为交通不便阻碍了农村公共信息服务；33.3% 的农民认为缺少书籍、杂志、报刊等资料阻碍了农村公共信息服务；16.7% 的农民认为农村公共信息服务体制欠灵活阻碍了农村公共信息服务。

在信息援助的时候可以按照"政府牵头、市场运作、多方参与、合力推进"的建设方针，政府部门要投入专项经费加强农村信息基础设施建设，推广互联网普及工程。同时，也可以出台优惠政策，鼓励和扶持信息企业积极开拓农村市场，打通偏远农村和山区的信息之路，推进"广电网、电信网、互联网三网融合"，争取实现农村网络 100% 覆盖的目标。在一些落后农村地区，很多农民无力购买电脑，无力支付上网费用。为了更好地为农民群体提供公共信息服务，政府可以联合企业开展电脑下乡活动，为他们配置电脑设备，免费上网。例如，2007 年武汉市东西湖区电子政务网络中心对其行政村开展了"农民信息俱乐部"的项目，涵盖 50 个村，每个村配置 5 台计算机，为当地农村组建局域网。

该项目由武汉市东西湖区政府出资购买设备，推动当地三农信息网络化进程❶。很多农民不会上网，信息援助时需要手把手教会农民群体操作电脑，以便他们能够方便、迅捷地获取公共信息服务。例如，从 2008 年起，在上海市闵行、嘉定、宝山、浦东、南汇、奉贤、松江、金山、青浦和崇明 10 个区县开展农村信息化培训普及工程，3 年间覆盖 1800 多个行政村，完成 6 万人的培训和 60 万人的宣传普及工作。培训对象为 10 个区县的农村基层管理者、专业农民及有积极性的普通农民❷。由于目前的农村手机拥有率比较高，信息援助时也可以利用移动电话提供农民群体公共信息服务。例如，中国移动通信针对农民用户开通了"农信通"服务。"农信通"整合了政府农业部门、农业科研机构、农业院校、涉农企业、信息服务站等众多部门，将农民群体迫切需要的农业信息通过手机短信、交互式语音应答系统、农村信息机等多种方式传递给农民用户❸。开封移动也积极推进"中国移动信息村""中国移动信息镇"建设，开展农村信息化"百千万"工程❹。农村的文献资源较少，图书、报刊等资料的购置经费短缺。在广东省的一些贫困地区的农村图书馆每年买书的费用还不足 5 万元，每年新增书籍低于 1000 本，有的农村图书馆甚至近 20 年没买入新书。为了解决这些问题，政府部门、报纸、广播、农业杂志、出版社、电视台需要整合资源、协同合作，采取各种措施增加信息服务资源，向农民群体提供更多的信息援助。例如，2004 年，文化部联合中宣部推出了"新农民电影院""送图书上

❶ 武汉市东西湖区政府采购中心 . "农民信息俱乐部"建设项目招标公告 . [EB/OL]. [2014-05-28]. http://www.bidcenter.com.cn/newscontent-279920-1.html.

❷ 肖榕 . 上海市创建信息公平城市的思路与对策研究 [D]. 上海：华东政法大学硕士论文，2009(4).

❸ 林碧玉 . 农村信息化中移动通信服务优化研究——以中国移动"农信通"为例 [D]. 福州：福建农林大学，2013.

❹ 李跃 . 中国移动尽心尽力推进农村通信和信息化进程 [J]. 现代电信科技，2006(3)：2-5.

工地"等活动。❶ 国家新闻出版总署实施了"农村书屋"工项目❷。《人民日报》开展送报下乡活动，和贫困地区的结对子进行"信息扶贫"❸。图书馆、档案馆等一些信息服务机构可以组建全省范围的流动性的信息援助小组，以弥补农村文献资料短缺、信息服务机构匮乏的问题。例如，广东省财政厅每年拨款专项资金 500 万，由广东省图书馆牵头，10 年建成 100 个左右的流动图书馆，解决省内农村图书馆购置经费短缺的问题❹。大众传媒可以开设专门针对农民用户的频道。目前，军事农业频道、中央人民广播电台的《中国农村报道》节目及《农民日报》《农村百事通》等三农节目得到了农民用户的好评。信息援助时可以按照县级、乡镇、村的等级组建农民公共信息服务体系，定期派一些信息援助人员，上门就近向那些信息基础设施落后、通信不发达的农村地区的农民提供他们最有用的公共信息。

5.1.3 农民群体公共信息援助平台设计

为了向农民提供有针对性的公共信息服务，信息援助时可以组建如中国农业信息网、中国蔬菜网等专门面向农民群体的公共信息门户网站，也可以搭建专门面向农民用户的公共信息服务和信息援助平台，将农民最实用的和最关心的信息发布在平台上，进行实时信息发布及信息定向推送（如图 5.4 所示）。

❶ 王坚方. 对策思考："丰裕文化"建设至为关键 [EB/OL]. [2014-05-28]. http://www.ycwb.com/gb/
content/2006-04/09/ content_ 1103502.htm.

❷ 李丹. 新闻出版总署：7 月底前全国将建成农家书屋 60 万家 [N]. 经济日报，2012-07-13(3).

❸ 杨汉祥. 把什么送下乡 [N]. 人民日报，2015-08-22.

❹ 邓琼、张演钦. 广东启动"流动图书馆"[EB/OL]. [2013-12-25].http://www.ycwb.com/gb/content/2003-
11/23/content _605933.htm.

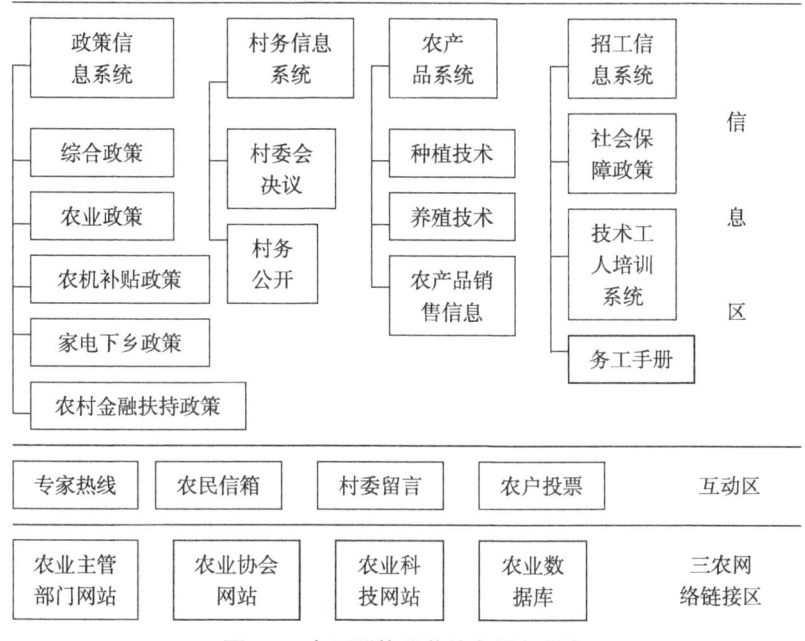

图 5.4　农民群体公共信息服务平台

农民群体信息援助平台及时发布中央、省市政府部门的有关综合政策、法规、重点侧重农业政策特别是惠农政策如农机补贴政策、家电下乡政策、农村金融扶持政策等。农民群体信息援助平台还可以发布本村的信息，包括村民代表大会的决议、村委会的重要通知、村务公开信息、村务经费支出明细等。为了监督村委会的工作，可以在农民群体信息援助平台上设置农民信箱、村政调研窗口，收集村民的反馈建议。村委会的干部在线留言窗口用来专门解答村民的疑问，与村民开展互动。还可以设置在线投票窗口，方便农民进行在线选举活动，扩大农民政治参与的力度。为了方便农民办事，可以把涉及农民办理各类事务的信息发布在平台上。例如农业部专门搭建了"12316"农业综合信息平台，能提供农业科技信息、市场信息、农时农事、招商合作、专业问答等服务。本研究的调查发现很多农民普遍觉得自己农业科学技术方面的信息比较匮乏，农民群体信息援助平台可以重点为他们提供农业技术信息网络专家咨询，建设农业科技数据库，提供农业科技科普视频。例如，天津市早在 1998 年就开通了"天津农业信息网"，目前该网站栏目发展到 54 个并与 12 个区县农业网站及"无公害蔬菜网""天津植保信息网"等专业网站形成农业网站集群，形成了农业信息服务平台❶。

搭建农民群体信息援助平台时可以自建农业科技数据库，覆盖农产品生产、加工中涉及的各种最新技术，保证数据库中的资料实时更新、不断扩展，能为农民群体提供丰富的农业科技信息。例如，中国农技网就建立了自己的农业数据库。如果技术和人员缺乏的话，农民群体信息援助平台也可以引进世界上一些知名的农业数据库。例如，可以选择国际食物信息数据库（IFIS）、国际农业生物科学中心数据库（CABI）、美国农业联机存取数据库（AGRICOLA）、联合国粮农组织的农业系统数据库（AGRIS）等。农民群体信息援助平台还可以利用现有的资源如国家农业科学数据库共享中心中的农业数据库。如果农民不想上网查询数据库中的信息，农民群体信息援助平台可以为农民专门开设农业专家服务热线，方便农民来电向专家咨询农业科学技术信息。例如，天津市于 2007 年 3 月开通了"12316""三农"服务热线，此热线拥有市级农业专家 23 名，各区县农业专家 180 多人，能满足 1000 余个电话并发访问。天津市"12316"热线也支持农民通过热线发布供应或求购

---

❶ 卓文飞. 我国微观农业信息服务创新模式研究 [J]. 河南农业科学，2007(3)：22-24.

农产品信息。❶ 本研究调查发现，很多时候农作物丰收了，但是农民找不到农作物的销路信息，很多农作物都烂在地里。农民群体信息援助平台需要为农民群体搭建销售农作物的渠道，发布农产品销售信息，搭建农户和求购者联系的平台，缓解农产品供需信息不对称的困境。

很多农民不想一辈子脸朝黄土、背朝天地干农活，想去城市打工。农民群体信息援助平台要经常发布招聘、招工信息等，帮助想去城市打工的农民寻找就业机会，迅速融入城市生活。在 2006 年 10 月举行的中国首届农民工信息化论坛上，农业部信息中心副主任郭作玉指出："目前我国农民最需要的信息之一就是打工、招聘类的就业信息，尽管这类信息较多，但是如何通过建立一个信息服务平台，向农民工传达就业信息还有待完善。"❷ 信息援助时，可以联合政府、企业、媒体、高校专门为农民编制打工信息方面的资料。例如，2005 年《宜昌日报》与宜昌市劳动局联手编写《农民进城打工服务线路图》及其"补充图""保底线"等，为宜昌市农民工提供就业信息和指南❸。2007 年，中国务工网专门为外出打工的农民印制了 3 万册《务工宝典》，免费向农民发放，《务工宝典》通俗易懂，介绍了务工的相关知识和经验，比如务工前的资料准备、交通信息，招工市场及劳动保障部门电话等内容。❹

---

❶ 信丽媛、宋治文，贾宝红等.天津市农业信息化发展的现状与对策 [J].天津农业科学，2009，15(2)：27-29.

❷ 高一村.公共信息服务：如何补齐农民工这块"短板"[N].中国社会报，2007-02-07.

❸ 范长敏、韩水强."线路图"搭起"连心桥"——宜昌首创《农民进城打工服务线路图》的做法与效果 [J]，新闻战线，2005(5)：77-79.

❹ 高一村.公共信息服务：如何补齐农民工这块"短板"[N].中国社会报，2007-02-07.

5.2 面向就业困难群体的个性化方案

目前我国存在大量的就业困难群体。截至 2015 年年末，就业困难人员就业人数 173 万人，城镇登记失业人数为 966 万人，城镇登记失业率为 4.05%❶。因此，城市企业改制下岗未再就业或再就业困难工人也是急需公共信息援助的群体。尽管就业困难群体的信息需求可能因人而异，但他们最迫切需要与就业相关的信息，而就业信息的闭塞限制了他们的职业选择，因此就业困难群体的公共信息援助要围绕就业需求展开。

5.2.1 就业困难群体的公共信息需求与公共信息行为调查

为了有针对性地了解就业困难群体的公共信息需求和公共信息行为，本研究针对就业困难者进行了细致的调查。本次调查历时半年，在正式调查之前对就业困难群体进行了预调查。根据预调查反馈的结果，调整了问卷的不合理之处，进一步完善了问卷设计，形成正式问卷模板。由于本次调查的难度较大，在抽样方法上考虑到就业困难群体的实际情况无法采用随机抽样，因此本研究依据非概率抽样，采用方便抽样的方法，在调查时尽量与被访者充分解释问卷的基本内容，当场回答被访者的疑问，以降低就业困难填写问卷的难度。为了对被调查者进行甄别，在调查前首先询问被调查者："找工作时是否经常遇到困难？"如果被调查者回答"否"，就终止访问。本研究针对就业困难者发放调查

❶ 人社部 . 2015 年度人力资源和社会保障事业发展统计公报 [EB/OL].[2016-06-05]. http://news. xinhuanet.com/po litics/2016-05-30/c_129027775.htm.

问卷 210 份，回收问卷 202 份，回收率为 96.2%，其中有效问卷为 198 份，有效回收率为 94.3%，被调查对象的详细情况如表 5.4 所示。从调查结果可以看出，被调查者主要集中于 21~65 岁之间的年龄段，男性比例略高于女性，文化水平处于初中及以下的比例较高，可支配月收入处于 2000 以下的水平，大部分人收入不稳定，多数情况下支出大于收入，符合弱势群体的特征。

表 5.4　调查对象的基本情况

基本特征		频数	百分比（%）	基本特征		频数	百分比（%）
年龄	≤20 岁	0	0.0	性别	男	103	52.0
	21~40 岁	90	45.5		女	95	48.0
	41~65 岁	106	53.5	个人收入	500 元以下	90	45.5
	≥65 岁	2	1.0		501~1000 元	79	40.1
文化程度	不识字或仅能够阅读	12	6.0		1001~1500 元	22	11.1
	初小	39	19.7		1501~2000 元	7	3.5
	高小	9	4.5		2000 元以上	0	0.0
	初中	77	38.9	收入来源	在家务农	40	20.0
	职业高中	13	6.6		外出打工	138	69.7
	普高	26	13.1		做小生意	17	8.6
	中专、中技	14	7.0		社会救济	9	4.5
	电大、函大、职大、夜大、成人高考	6	3.0		其他	2	1.0
	大专	0	0.0	稳定情况	收入稳定	40	20.0
	本科	0	0.0		收入不稳定	158	79.8
	研究生教育	0	0.0	收支情况	收大于支	20	10.1
	私塾	2	1.0		支大于收	125	63.1
	其他	0	0.0		收支均衡	53	26.8

　　尽管前面对弱势群体的信息需求和信息行为的共性特征进行了调查，不过就业困难人群的信息意识、信息需求和信息行为有自己鲜明的特色，需要进行有针对性的调查。专门针对就业困难群体的调查发现，5.06%的就业困难者觉得公共信息对自己的工作和生活很有用；37.80%的就业困难者觉得公共信息对自己的工作和生活比较有用；34.18%的就业困难者觉得一般；21.44%的就业困难者觉得公共信息对自己的工作和生活比较没用；1.52%的就业困难者觉得公共信息对自己的工作和生活很没用，如图5.5所示。

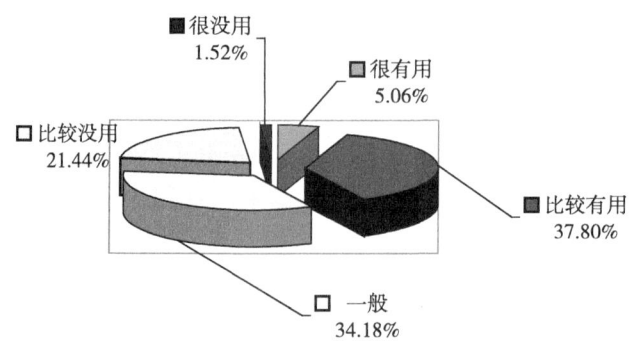

图5.5　就业困难群体公共信息意识调查

　　2.5%的就业困难者对公共信息的需求量为非常大；26.3%的就业困难者对公共信息的需求量为比较大；38.4%的就业困难者认为自己的公共信息的需求量一般；21.2%的就业困难者对公共信息的需求量较少；10.6%的就业困难者对公共信息的需求量很少；1.0%的就业困难者表示从不需要公共信息。尽管就业困难者需要的公共信息的类型多样，但78.8%的就业困难者需要就业信息；63.6%的就业困难者需要工作技能培训信息；47.5%的就业困难者需要政策信息；30.8%的就业困难者需要医疗信息；27.8%就业困难者需要教育信息；24.2% 的就业困难者需要经济信息；18.7% 的就业困难者需要法律信息，如图 5.6 所示。

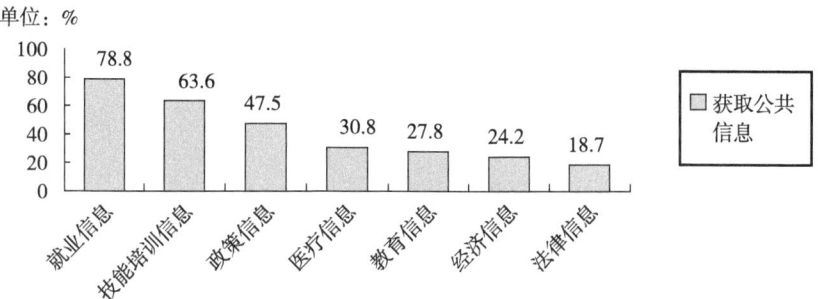

图 5.6　业困难群体获取公共信息类型调查

　　就业困难者所偏好的获取就业信息渠道中，偏向选择亲戚、熟人、老乡或朋友介绍的人数最多，占了 87.9%。一方面由于就业困难者信息来源渠道不多，又比较偏爱从人际互动中获取信息；另一方面是由于就业困难者认为从熟人处获得的信息相对而言比较可靠。偏向选择自己到劳务市场或劳动力市场应聘的比例占 35.4%；偏向选择电视或报纸等传统媒体上的招工栏目获取就业信息的比例占 36.9%；偏向从街头广告了解招聘信息的比例占 32.8%；偏向选择职业介绍所、劳务介绍所等中介机构介绍工作的比例占 27.3%；偏向选择上网检索招聘信息的比例占 22.2%；偏向选择用人单位招工时了解招聘信息的比例占 20.2%；偏向选择到社区或者乡镇就业服务站了解招聘信息的比例占 19.2%；偏向选择到政府组织咨询就业信息的仅仅只占 7.1%。不过对信息来源机构的信任度最高的为政府，其次为电视、报纸，再次为亲戚、熟人、老乡或朋友。有些人表示不怎么信任中介机构，甚至遇到过找错了中介被骗钱的情况。有些人表示不怎么信任网络，甚至遇到过骗子。

　　就业困难者中经常能顺利找到的招聘信息的比例不高，仅仅占了 7.6%；偶尔能顺利找到招聘信息的比例占了 68.7%；很少顺利找到招聘信息的比例占了 23.7%。如果寻找就业信息的过程很麻烦的话，76.3% 的就业困难者一般会选择放弃寻找，只有 23.7% 的就业困难者一般会想办法直到找到所需信息。

　　就业困难者面临的信息困境有很多，如图 5.7 所示。

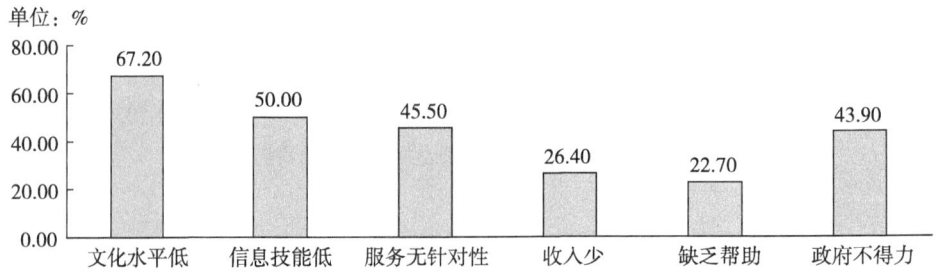

单位：%

图 5.7　就业困难群体获取公共信息障碍调查

　　调查发现，67.2% 的就业困难者认为阻碍自己获取就业信息的因素为知识文化水平低；50.0% 的就业困难者认为阻碍自己获取就业信息的因素为不会上网、信息技能低；22.7% 的就业困难者认为阻碍自己获取就业信息的因素为缺少信息服务人员的帮忙；43.9% 的就业困难者认为阻碍自己获取就业信息的因素为政府部门不得力，特别是政府劳动保障部门、民政部门没有提供有力的措施；28.8% 的就业困难者认为阻碍自己获取就业信息的因素为收入少；45.5% 的就业困难者认为阻碍自己获取就业信息的因素为缺乏专门针对就业困难人群的服务。

　　就业困难群体就业渠道单一、求职无门。一般而言，50.5% 的就业困难者认为自己不能有效地利用已经获得的信息帮助自己找到工作。调查发现，就业困难群体不知道哪些政府部门或中介机构可以帮助自己找工作，即使少数就业困难者去政府登记了信息，但很少有回音，通过政府帮忙应聘成功的寥寥无几。7.6% 的就业困难者表示自己掌握了招聘岗位要求的劳动技能，74.7% 的就业困难者认为自己对招聘岗位要求的劳动技能知识有些了解，16.7% 的就业困难者觉得自己对招聘岗位要求的劳动技能知识一无所知。由于就业困难者掌握的劳动技能型知识匮乏，常常被拒绝在招聘大门之外。就业困难者表示一般经过 3 次以上的应聘才能成功的比例占了 65.7%，其中以朋友介绍的岗位居多。就业困难者很多时候无法判断招聘信息的真伪性，就业困难者在应聘前无法充分了解应聘单位情况。全面了解用人单位信息的被访者仅占 8.6%，了解一点招聘单位情况的被访者占 72.2%，对招聘单位情况一无所知的被访者占 19.2%。有时候就业困难者甚至在找工作过程中遇到信息欺诈而上当受骗。在访谈中不少人提及自己在找工作的过程中遇到了被骗钱的情况。

不少就业困难者希望公共信息服务时能对自己提供信息援助。63.6% 的就业困难者觉得提供就业扶持优惠政策信息比较有用；63.1% 的就业困难者觉得开展劳动技能知识培训比较有用；61.6% 的就业困难者觉得提供招聘信息比较有用。有被访者说："跟包工头在外打工，一个项目完成后不是马上就会有项目接手，也有空闲的时间，所以就需要信息更快找到下一份工作。"47.0% 的就业困难者觉得提供劳动者权益保护方面的法律、法规信息咨询比较有用；44.9% 的就业困难者觉得提供社会保障方面信息比较有用；37.4% 的就业困难者觉得核实信息的真伪比较有用，比较重视就业信息的可靠性。

5.2.2　就业困难群体对就业法律法规的认知情况

　　劳动是宪法赋予公民的权利，根据我国《宪法》第 42 条的规定：中华人民共和国公民有劳动的权利和义务 ❶。为了保障公民的劳动权，各级政府也出台了一些促进就业方面的政策，例如大连市出台了《关于加强职业培训促进就业的意见》和《关于加强技能人才队伍建设的实施意见》文件，采取免收行政事业性收费、发放创业补贴、支持小额担保贷款、开展免费就业技能培训等多项优惠政策，并设立创业服务窗口，为创业者提供创业政策咨询服务 ❷。即使弱势群体就业时遇到困难或丧失劳动能力，也有相关法律和政策来保障他们的基本生活。例如，《中华人民共和国宪法》第 45 条、《城市居民最低生活保障条例》第 2 条、《农村五保供养工作条例》第 6 条都有效地保障了弱势群体权益。本研究的调查发现：就业困难群体对政府部门颁布的政策信息关注不足，不了解失业社保和就业扶持等优惠政策信息，因此无法利用这些优惠政策来争取自己的利益。调查中发现，就业困难群体中很多都不懂法律法规信息，11.1% 的就业困难者完全不知道《宪法》，6.6% 的就业困难者完全不知道《劳动法》，23.2% 的就业困难者完全不知道《工资支付条例》，30.3% 的就业困难者完全不知道《劳动仲裁条例》,27.3% 的就业困难者完全不知道《妇女权益保障法》，14.6% 的就业困难者完全不知道《社会保险条例》，17.2% 的就业困难者完全不知道《工伤保险条例》,35.9% 的就业困难者完全不知道《职业病防治法》；5.4% 的就业困难者完全不知道《城市居民最低生活保障条例》，6.3% 的就业困难者完全不知道《农村五保供养工作条例》，如表 5.5 所示。有

---

❶　中华人民共和国宪法（全文）[N]. 人民日报，2004-03-16(2).

❷　张星 . 大连政府免费提供 68 个紧缺工种技能培训 [N]. 半岛晨报，2013-03-26(3).

被访者提到："因残疾无法找到工作，没兴趣也无从知道有什么法律可以保护自己。"

表 5.5 就业困难者对法律法规的认知情况

单位：%

法律法规	有点了解	听说过一点	比较陌生	很陌生	完全不知道
《宪法》	1.5	8.1	26.8	52.5	11.1
《劳动法》	0.5	10.1	37.9	44.9	6.6
《工资支付条例》	0	6.6	26.3	43.9	23.2
《劳动仲裁条例》	0.5	3	19.2	47	30.3
《妇女权益保障法》	4	1.2	24.2	43.4	27.2
《社会保险条例》	0.5	12.1	33.8	38.9	14.7
《工伤保险条例》	1.5	9.1	30.8	41.4	17.2
《职业病防治法》	0.5	2.7	15.4	45.5	35.9
《城市居民最低生活保障条例》	5.4	7.4	19.6	41.4	26.2
《农村五保供养工作条例》	6.3	10.1	20.5	40.1	23

由于就业困难群体不了解常用的法律信息，通常他们的谈判能力较弱、不善于利用法律武器来捍卫自己的权利。维权意识的淡薄，导致他们在就业中处于劣势地位，甚至让自己的合法权益蒙受损失。假设遇到解聘、工伤、工资拖延等特殊事件，利益遭受侵犯时，选择自己解决的被访者占 36.9%，选择默默忍受的被访者占 9.6%，选择请亲朋好友帮忙的被访者占 36.9%，选择向媒体求助的被访者占 4%，选择向相关政府部门反映的被访者占 19.7%，选择通过法律途径解决的被访者占 14.1%。可以看出，遇到这些特殊事件，就业困难群体还是偏向自己解决或者依靠亲戚朋友帮忙，寻求政府部门帮助和法律途径解决的比例不是很高。

调查发现，就业困难群体在求职过程中普遍不重视签订劳动合同，劳动合同签订率较低。有50.1%的被访者没有签订劳动合同，进一步询问不签合同的原因，84.8%的被访者表示"不签劳动合同是因为没有固定的职务，只是临时用工"；7.1%的被访者表示"自己愿意签劳动合同但工作单位不让签"；8.1%的被访者表示"自己和工作单位都不想签"。同时，就业困难群体对购买社会保险普遍不重视，没有购买过医疗保险、养老保险、失业保险中任何一种社会保险的被访者占49%。进一步询问没有购买社会保险的被访者不买保险的原因，37.1%的被访者表示"没钱"，29.9%的被访者表示"没必要"，42.3%的被访者表示"不了解"，2.1%的被访者表示"单位不给买"，甚至不少就业困难者认为"买基本社会保险费还不如多存点钱"。这说明就业困难者考虑问题简单化，思维较片面、目光短浅，不了解社保的政策信息，也无法认识到社保的重要性。

5.2.3 就业信息援助方案与就业信息援助平台设计

本研究调查发现，就业困难者借助于老乡亲友为代表的"强关系"渠道获得的就业信息，具有一定的局限性，存在数量少、同质性高、重复性强等弱点。因此信息援助时不仅要为就业困难者提供一般的公共信息，而且要重点帮助他们掌握寻找就业机会的信息渠道。就业信息援助时要密切留意就业困难者经常活动的地点或场所。在就业信息发布地点方面，43.9%的就业困难者觉得通过劳动力市场的张贴栏向自己推送就业信息服务比较方便；40.9%的就业困难者觉得通过社区（乡镇）的电子公告屏向自己推送就业信息服务比较方便；

28.8% 的就业困难者觉得通过车站广场公告栏向自己推送就业信息服务比较方便；24.2% 的就业困难者觉得通过公交、电梯、户外数字显示屏向自己推送就业信息服务比较方便。就业信息援助时要在劳动力市场的张贴栏、社区（乡镇）的电子公告屏、车站广场公告栏、公交、电梯、户外数字显示屏等方便的地点集中投放招工信息，发布家政服务人员、装修工人、建筑工人等职位的需求信息。

在就业信息传递渠道方面，74.2% 的就业困难者觉得通过电视向自己推送就业信息服务比较方便；15.7% 的就业困难者觉得利用广播向自己推送就业信息服务比较方便；9.1% 的就业困难者觉得依靠报纸向自己推送就业信息服务比较方便。可以看出，就业困难群体仍然偏爱电视渠道，在信息援助时可以在电视上集中投放招工信息，同时辅之以广播、报纸投放。在网络时代，越来越多的招聘信息都借助于互联网渠道发布。为了丰富就业困难群体的信息获取渠道，可以帮助他们提高信息检索技能，让他们自己能独立操作电脑并且顺利查询招聘信息。64.6% 的就业困难者觉得提供信息技能培训能够方便自己获取网络上的工作信息；35.4% 的就业困难者认为设计专门就业信息网站或招聘信息平台能够方便自己获取网络上的工作信息；33.3% 的就业困难者认为提供免费上网服务能够方便自己获取网络上的工作信息。如果经过一系列信息检索技能培训就业困难群体能顺利掌握计算机知识，信息援助团队就可以为他们设计专门的就业信息援助平台。就业信息援助平台的架构主要分为信息层、后台管理层、用户界面层三个部分，如图 5.8 所示。

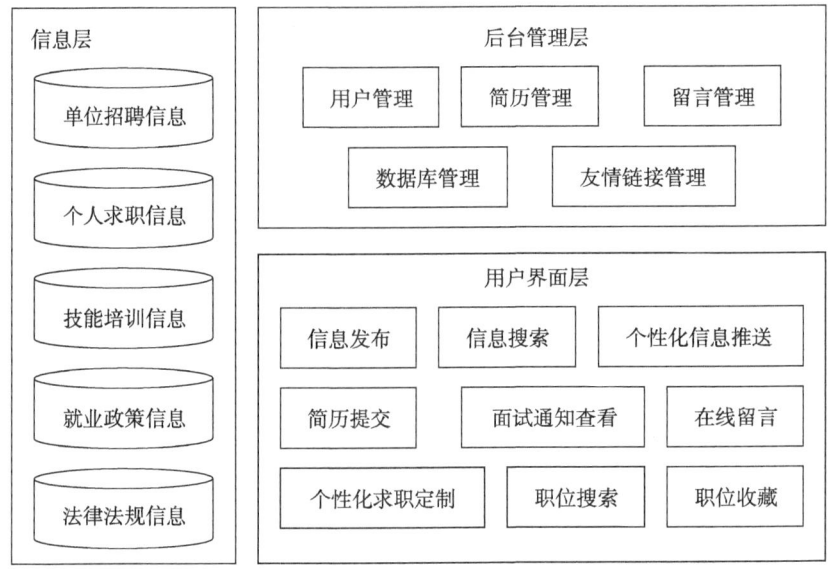

图 5.8 就业信息援助平台设计

1. 信息层

就业困难群体急需援助的公共信息类型主要包括单位招聘信息、个人求职信息、工作技能培训信息、就业政策信息、法律法规信息五种类型。就业信息援助平台必须及时发布最新的招聘信息，提供详细的就业政策指导和专业的法律法规信息，还可以自由下载工作技能培训课件、视频等资料。在就业信息援助平台上可以按照这些公共信息类型分门别类地设置网站栏目，如图 5.9 所示。

在就业市场中信息时常处于不对称的状态，招聘单位可能会刻意隐瞒工资奖金福利低、工作环境差、劳动时间长强度大、职业安全系数低等一些不利情况，应聘者的权益可能被损害，甚至遇到虚假招聘上当受骗。就业信息援助

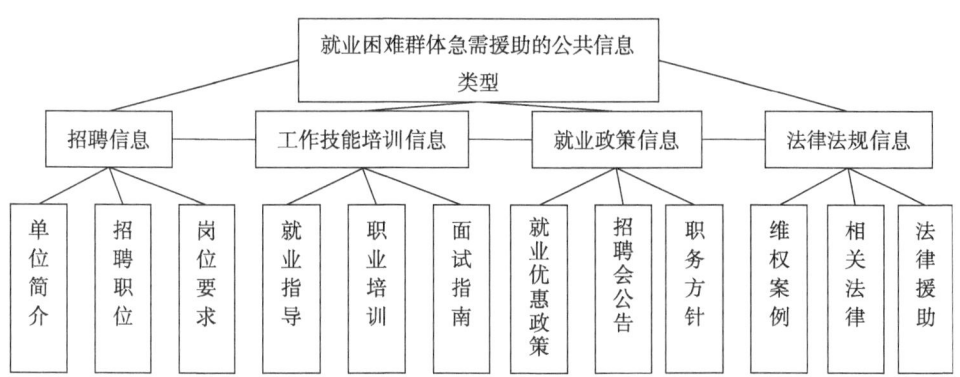

图 5.9　就业困难群体急需援助的公共信息类型

平台发布招聘信息之前，信息援助人员应详细调查招聘单位的诚信度、工资奖金福利发放状况、工作环境、劳动强度、职业安全、参与社会保险类型等方面的真实情况。就业信息援助平台能让就业困难群体更为清楚地了解用人单位情况、有哪些招聘职位，以及应聘岗位的能力要求，以方便他们做出选择。但是，单纯为这些技能低下、求职受阻的就业困难者提供就业信息不一定有效。例如，北京市肖家河社区街道社保所可为外地来京务工者提供求职登记，但来社区登记的人数较少，能介绍成功的更少。所以，仅为就业困难群体提供就业信息还远远不够，因为就业困难群体中很多都缺乏劳动技能和文化知识，难以胜任工作岗位的要求。就业信息援助平台还需要为就业困难群体提供工作技能培训信息，介绍面试注意事项及技巧，让他们拥有一技之长，为他们指明就业方向，增强他们的竞争力，提升他们的就业机会。就业信息援助平台的培训人员可以针对适合的行业或者有发展前景的行业，定期为就业困难群体举办公益性的专题培训讲座或者开设免费的技术培训班，进行职业技术辅导、讲授应聘技巧。讲座或者培训班可采用成人夜校、社区学习、网络教授等多种方式。培训的内容可以重点针对就业前景较好的多种技术和工种（如电脑、营销、烹饪、会计等）进行培训，丰富他们的劳动技能。例如，美国纽约皇后区公共图书馆成立了"就业信息中心"，为新移民、中老年、残障者、刑满释放者、被解雇的失业者等弱势群体，进行就业应聘和就业培训的免费辅导工作❶。在信息援助时，讲座或者培训班的资料需要分门别类地组织、汇编，免费发放到就业困难者手中，供他们系统地学习。培训的方式要考虑授课对象的特殊性，尽量以通俗易懂的方式呈现，有计划、分步骤地进行，帮助就业困难群体解决具体的问题。例如，安徽凤阳县劳动保障部门实施了"再就业知识援助行动"，对下岗人群开展就业培训工作，优化培训内容，有几千名下岗人员参加培训，掌握了一技之长。就业信息援助平台为就业困难群体提供就业政策信息的主要目的是让他们了解国家制定了哪些就业优惠政策帮助他们就业。信息援助人员要密切关注当地的经济发展政策、城乡规划方向和行业用工计划等方面的政策动态。一般来说，就业困难群体通常缺乏战略眼光，不知道未来哪些行业有前途，也不清楚自己究竟适合从事什么职业，这时他们都可以向信息援助人员寻求帮助，减少决策失误。信息援助人员可以根据政府的区域经济规划、产业发展计划结合就业困难人群的特长和兴趣为他们提供前期咨询服务，帮助他们制定职业生涯规划。就业信息援助平台为就业困难群体提供法律法规信息的主要目的是为了让他们了解与自己权益息息相关的主要法律。就业困难群体了解一些常用的法律、法规知识后，在就业时就能更好地维护自己的合法权益，在就业过程中一旦遇到纠纷，还可以向就业信息援助平台的法律专家申请法律援助。

---

❶　洪伟达.图书馆保障弱势群体公共信息获取权益研究 [J].情报资料工作，2014(1)：36-40.

2. 后台管理层

后台管理层主要实现数据库管理、用户管理、简历管理、留言管理、友情链接管理。数据库管理主要针对存储在数据库中的单位招聘信息、个人求职信息、工作技能培训信息、就业政策信息、法律法规信息。用户管理主要针对用户的注册信息。就业信息援助平台的用户主要有两类,一类为个人用户,主要对象为就业困难者,他们将自己的年龄、性别、特长、工作技能等信息录入系统。第二类为单位用户,他们将自己单位的简介、单位性质、用工规模、招聘计划等信息录入系统。简历管理对求职者的简历集中管理,把工作背景经历、技能特长类似的求职者的简历合并为一类,以方便按类别进行个性化信息推送。留言管理可以对用户的留言如求职者的提问、招聘单位回复情况等信息进行管理。友情链接管理可以对适合与就业信息援助平台进行友情链接的网站,如政府的劳动保障部门网站、劳动中介网站、劳动力市场网站等相关网站进行管理。

3. 用户界面层

用户界面层是就业信息援助平台与平台用户对接的窗口。求职困难者可以向平台提交简历,查看面试通知。如果遇到疑难可以在线留言寻求帮助。招聘单位可以依托就业信息援助平台发布招聘信息,信息援助人员也可以把就业困难群体需要的工作技能培训信息、就业政策信息、法律法规信息及时在平台上更新。平台可以设置专门的站内搜索引擎,方便用户输入关键词迅速定位到所需信息。就业困难者也可以通过平台上的搜索引擎搜索自己感兴趣的职位,并把相关岗位的情况添加到自己的职位收藏夹中保存下来,以供参考。个性化求职定制能按照用户的工作、技能、特长将适合的职位信息实时推送给用户。本研究的调查发现，24.7%的就业困难者"很期待实现此功能"；44.9%的就业困难者"比较期待实现此功能"；15.2%的就业困难者"一般"；11.1%的就业困难者"无所谓"；2.5%的就业困难者"不需要实现此功能"。深入访谈发现大部分就业困难者还是期待个性化求职定制功能，有些回答"无所谓"和"不需要实现此功能"的被访者是因为不了解此功能。个性化求职定制能将被动的信息发布为主动的信息援助，根据就业困难者的兴趣、爱好和需求自动地将所需的信息定期集中地发送到用户的邮箱中，供用户选择、参考。平台最好能实现个性化求职定制功能，求职困难者只需向就业信息平台提交自己的求职意向，平台就会自动跟踪用人单位的岗位需求，发现两者配合时，就及时把岗位信息发送到求职者的邮箱中，供求职者挑选自己适合的岗位。

除了电视报纸、广播网络，18.2%的就业困难者觉得通过热线电话推送就业信息服务比较方便；18.2%的就业困难者觉得通过群发短信推送就业信息服务比较方便；11.6%的就业困难者觉得通过"微信"推送就业信息服务比较方便；6.6%的就业困难者觉得通过"移动声讯"推送就业信息服务比较方便；10.6%的就业困难者觉得通过"飞信、超信"推送就业信息服务比较方便；1.0%的就业困难者觉得通过"语音留言"推送就业信息服务比较方便。如果就业困难群体上网不便或者不知道使用计算机，可以选择电话、手机、短信、微信等形式接受就业信息援助服务，比如采用移动声讯、群发短信、飞信、微信、语音留言等多种方式将适宜的岗位有针对性地直接推荐给就业困难群体。例如，农信通开通了"12582电子求职"热线。浙江湖州建立了特别针对马路求职者、临时工、农民工群体的就业信息供求智能网呼叫中心，求职者借助拨打"中心接入码"

向智能网络平台提供其岗位需求信息和联系方式，用人单位提供招聘需求信息和联系方式，如果供需双方的要求匹配，则让双方直接对话，否则继续查找匹配❶。

　　为就业困难群体提供信息援助时要整合各地的政府机构、劳动中介机构、企业、非政府组织等多方力量。例如，2009 年 1 月电信集团公司就联合中国残障人就业指导中心和北京心手相连信息技术公司开展了"网络牵手，百万残障人士就业信息服务工程"旨在为残障人士提供技能培训、咨询指导、招聘信息、政策法规、有声图书、远程教育服务信息❷。由于汇集了多方资源，此工程的实施效果较好。如果条件成熟的话，最好能建立一个全国统一的就业信息援助平台，协同社会各界为就业困难者提供就业服务，使就业困难者能够跨地区、跨行业、跨部门地寻找更多、更好的工作机会。

5.3　面向老年群体的个性化方案

　　民政部 2016 年社会服务发展统计公报的数据显示："截至 2016 年年底，全国 60 岁及以上老年人口 23086 万人，占总人口的 16.7%，其中 65 岁及以上人口 15003 万人，占总人口的 10.8%。"❸此数据意味着我国已经迈入了老龄化社会。"老吾老以及人之老"，尊老是中华民族的优良传统，老年人由于

❶　不详. 湖州就业 [J]. 2013(1). [EB/OL].[2013-12-10].http://www.hzjy.gov.cn/zhwgk/7086.jhtml.

❷　郭培平，武艺."网络牵手·百万残疾人就业信息服务工程"启动 [J]. 中国残疾人，2009(12)：10.

❸　民政部. 2016 年社会服务发展统计公报 [EB/OL]. [2017-11-1]. http://www.mca.gov.cn/article/sj/tjgb/201708/2017080000 5382.shtml.

年老体衰需要给予特殊的照顾。许多信息服务机构为老年人等弱势群体制定了一些政策。如上海图书馆规定"凡持有老年优待证、离休证、残疾证都可免证入室阅览" ❶。2007 年，中国电信陕西宝鸡分公司号码百事通与市政府部门合作，开通了宝鸡市老年人信息服务中心，老年人只需拨打 3999110 或 11811424 小时服务热线，就可以咨询到最新的老年政策、法律、医疗健康、交通气象、旅游、购物等各类信息。此外，宝鸡电信还与全市 50 余家涉及老年服务的机构和企业协作，可通过号码百事通平台，与这些企业建立联系，组建成了一个一体化、分工协作的老年人信息服务网络 ❷。这些措施都给老年人带来了极大的便利。

5.3.1　老年群体的公共信息需求与公共信息行为调查

为了有针对性地了解老年人的公共信息需求和公共信息行为，本研究针对老年人进行了细致的调查。本次调查历时半年，在正式调查之前对老年群体进行了预调查。根据预调查反馈的结果，调整了问卷的不合理之处，进一步完善了问卷设计，形成了正式问卷的模板。由于本次调查的难度较大。在抽样方法上考虑到老年群体的实际情况无法采用随机抽样，因此本研究依据非概率抽样，采用方便抽样的方法，在调查时尽量与被访者充分解释问卷的基本内容，当场回答被访者的提问，以降低老年群体填写问卷的难度。本研究针对 60 岁以上的老年人发放调查问卷 200 份，回收问卷 192 份，回收率为 96%，其中有效问卷为 187 份，有效回收率为 93.5%，被调查对象的详细情况如表 5.6 所示。从调查

---

❶　上海图书馆 . 办证须知 [EB/OL]. [2013-11-28].http:// www.library.sh.cn/fwzn/bzxz/.

❷　杨小芬 . 宝鸡电信开通老年人信息服务热线 [N]. 人民邮报，2007-11-28.

结果可以看出，被调查者主要集中于 60~80 岁之间的年龄段，女性比例略高于男性，文化水平处于初中及以下的比例较高，可支配月收入处于 2000 以下的水平，多数情况下支出大于收入，主要依靠子女赡养，大部分人收入不稳定，以上情况符合弱势群体的特征。

表 5.6　被调查对象的基本情况

基本特征		频数	百分比	基本特征		频数	百分比
年龄	60~70 岁	73	39.0	性别	男	91	48.7
	71~80 岁	91	48.7		女	96	51.3
	81~90 岁	21	11.2	个人收入	500 元以下	25	13.4
	≥90 岁	2	1.1		501~1000 元	69	36.9
文化程度	不识字或仅能够阅读	59	31.6		1001~1500 元	40	21.4
	初小	49	26.2		1501~2000 元	50	26.7
	高小	15	8.0		2000 元以上	3	1.6
	初中	26	13.9	收入来源	自己的工资、退休金或积蓄	51	27.3
	职业高中	3	1.6		子女赡养	89	47.6
	普高	12	6.4		社会救济	40	21.4
	中专、中技	4	2.1		其他	7	3.7
	电大、函大、职大、夜大、成人高考	3	1.6		收入不稳定	115	61.5
	大专	2	1.1	稳定情况	收入稳定	72	38.5
	本科	6	3.2		收大于支	29	15.5
	研究生教育	0	0.0	收支情况	收支均衡	70	37.4
	私塾	6	3.2		支大于收	88	47.1
	其他	2	1.1				

尽管前面对弱势群体的信息需求和信息行为的共性特征进行了调查，不过老年人的信息意识、信息需求和信息行为有自己鲜明的特色，需要进行有针对性的调查。被调查的老年人中觉得公共信息对自己工作生活来说非常重要的占5.31%，觉得"重要"的占25.13%，觉得"一般"的占35.84%，觉得"不重要"的占24.12%，觉得"一点也不重要"的占9.60%，如图5.10所示。

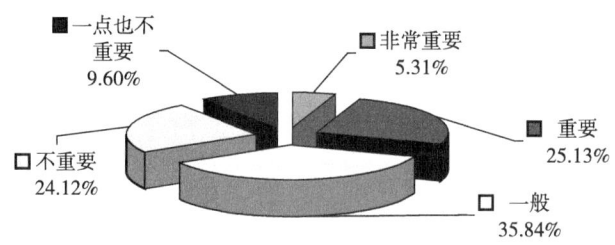

图5.10　群体公共信息意识调查

对公共信息的需求量非常大的老年人占1.6%，比较大的占17.1%，一般的占34.2%，比较少的占28.3%，很少需要的占17.1%，从不需要的占1.6%。

老年群体获取公共信息的用途有多种。与年轻人朝九晚五上班不同，老年人空闲时间普遍充足，获取公共信息是为了消磨空闲时间的老年人占70.6%；获取公共信息是为了提高生活质量的老年人占49.7%；获取公共信息是为了保持身体健康、丰富业余生活的老年人占45.5%；获取公共信息是为了关注社会发展的老年人占39.0%；获取公共信息是为了了解国内外时事的老年人占16.6%；获取公共信息是为了捕捉文化新动态的老年人占8.6%；获取公共信息是为了吸收科技新知识的老年人占5.9%。不过，老年人喜好的信息类型与年轻人有很大区别。调查发现，大多数老年都十分关心自己的身体健康，87.7%

的老年人需要医疗卫生信息，50.8% 的老年人需要营养保健信息。为了让自己的生活得到更好的保障，84.0% 的老年人需要社会保障信息。为了生活更方便、更丰富，40.1% 的老年人需要天气地理信息，31.6% 的老年人需要生活实用信息（菜谱、烹饪、种植、宠物饲养），21.4% 的老年人需要交通出行信息和政治时事信息，18.7% 的老年人需要文学艺术信息（武侠、相声、小说、评书、戏曲、绘画、书法、棋艺等），12.3% 的老年人需要法律法规政策信息，7.0% 的老年人需要教育培训信息和经济金融信息（股市、投资、理财、保险、购物），6.4% 的老年人需要历史文化信息，4.3% 的老年人需要旅游娱乐信息，如图 5.11 所示。

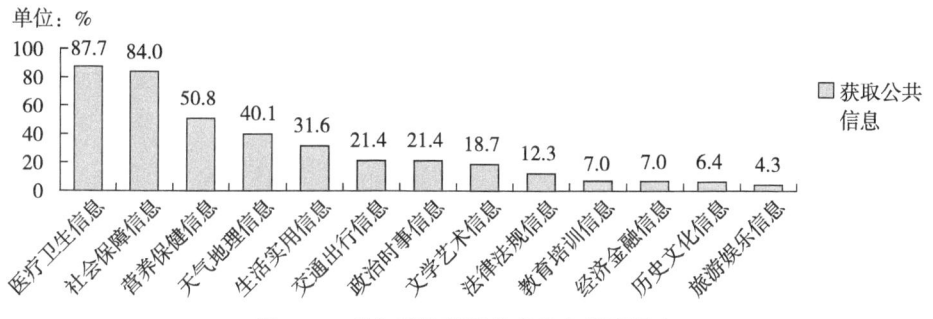

图 5.11　老年群体获取公共信息类型调查

老年群体最喜欢的公共信息获取渠道仍然是电视，所占比例为 47.1%；其次是子女、亲朋好友和熟人介绍，所占比例为 27.3%；广播电台和报纸杂志所占比例仍不高，分别为 5.3% 和 7.0%，只有 7.0% 的老年人偏好从村委会、社区获取公共信息，比例也偏低。与年轻人相比，老年人选择网络获取公共信息的比例较低，仅为 3.2%。选择从会议中获取公共信息的比例为 1.6%，大多数老年人都不喜欢会议，而选择从公告栏和政府机构处获取公共信息，比例最少都为 0.5%。调查发现，很多老年人都偏向于阅读纸本的信息，所占比例为 86.6%，还有一部分人由于不识字无法阅读。但是 81.3% 的老年人觉得普通的图书、报纸、杂志的字号太小。尽管老年人喜好阅读，但与残障群体一样，没有一个老年人选择从图书馆获得公共信息。87.7% 的老年人最喜欢面对面交流，8.0% 的老年人最喜欢电话交流，2.7% 的老年人最喜欢书信交流，只有 1.6% 的老年人最喜欢网络交流。很多老年人没有尝试过新型的公共信息交流工具，79.7% 的老年人不会使用 QQ、微博、微信、网络论坛、视频聊天等信息交流工具。

不少老年人认为知识储备的欠缺、生理障碍、经济状况不好、政府措施不得力等因素制约了他们上网获取公共信息。如图 5.12 所示。77.0% 的老年人认为信息技能、文化水平低阻碍了自己获取公共信息服务。55.1% 的老年人认为年龄大低阻碍了自己获取公共信息服务。

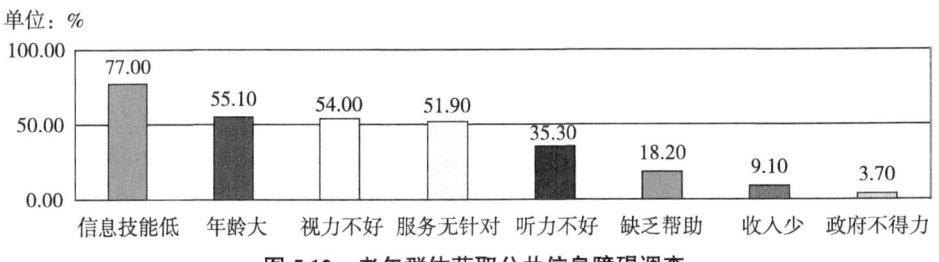

图 5.12　老年群体获取公共信息障碍调查

54% 的老年人认为视力不好阻碍了自己获取公共信息服务。有被访者说起："自己想看点书，但老花眼又看不清。"51.9% 的老年人认为缺乏专门针对老年人的服务阻碍了自己获取公共信息服务，35.3% 的老年人认为听力不好阻碍了自己获取公共信息服务，18.2% 的老年人认为缺少公共信息服务人员的帮忙阻碍了自己获取公共信息服务，9.1% 的老年人认为收入少阻碍了自己获取公共信息服务，3.7% 的老年人认为政府部门措施不得力阻碍了自己获取公共信息服务。

5.3.2　老年群体的公共信息援助方案

调查发现，老年人大多视力和听力不好，27.8% 的老年人希望信息援助时能提供放大镜，70.1% 的老年人希望信息援助时能提供老花镜，28.9% 的老年人希望信息援助时能提供大字阅读设备（放大 4~20 倍），21.9% 的老年人希望援助时能提供电子助视器，16.6% 的老年人希望援助时能提供电子助听设备，8% 的老年人希望援助时能提供电子读屏软件。尊老爱老是中华民族的传统美德，有些老年人行动不便，公共信息服务场所最好要配备老年人专用设施如坡道、防滑条、老年专用桌椅、轮椅、软椅，配置独立的感应式马桶，自动冲水，方便老年人使用。公共信息服务的场所最好有空调，增加老年人的舒服感。房间内的桌椅最好能方便移动，能自由调节座板的高度和靠背的角度。椅子上可放置柔软的坐垫，这样能减少久坐阅读导致的疲劳，使老年人的身体得到舒展和放松。为了提供更为优质与周到的服务，还可提供免费的饮水机、纸笔、水杯、便民箱等。公共信息服务场所还必须放置一个常用急救药品医疗箱，里面配有一些心脏病、高血压等急救药品，防止老年人突发疾病。

1. 在传统媒体上开辟老年人专刊，开展多样化的信息服务活动

虽然目前电视、广播、报纸的利用率有所下降，但是很多老年人仍然保留了听收音机、看电视、读报纸的习惯，尤其偏远地区计算机和网络不普及，这

些传统媒体还保留了较为重要的功能，在信息援助的时候可以在电视、广播、报纸开辟老年人专栏。59.4%的老年人觉得使用大字本图书对自己帮助较大，47.1%的老年人觉得提供上门公共信息服务对自己帮助较大，29.4%的老年人觉得版面设计简单明了，对自己帮助较大，24.1%的老年人觉得提供书刊投递入户活动对自己帮助较大，21.9%的老年人觉得使用较宽的行间距对自己帮助较大，17.6%的老年人觉得加大电子文件的字号对自己帮助较大。信息援助时最好选择适合老年人阅读习惯的书籍，将他们喜好的资料集中存放在一起，设置老年人专用的阅览室或者老年人座席等，并为他们提供大字本图书或者加大电子文件的字号，字体要大于四号，使用较宽的行间距，版面设计简单明了，尽量突出关键信息和重要信息。信息援助时可为老年人建立专门的档案，记录他们的姓名、性别、年龄、原来从事的职业、通信方式、居住地址、兴趣、爱好、公共信息需求等信息。信息援助的时候可以根据档案记录选择他们容易接受的方式提供相应的文献资料和电子信息，还可以选择一些老人关心的主题组织诸如阅读推荐、养生保健讲座、绘画展览、音乐赏析等多样化的活动，使得信息援助的形式更加灵活。

调查发现，36.9%的老年人觉得提供书报朗读服务对自己帮助较大，有部分老年人更喜欢听书或者听报，公共信息援助人员可以将喜欢这种形式的老年人召集起来，为他们现场朗读书刊，也可以开展上门读书活动，提供更加人性化的服务。如日本某些图书馆也招募培训有素的志愿者经常为老年人提供朗读书报服务，并按照他们的特长挑选匹配的朗读员。2005年，中国台湾的台中图书馆举办了"社交机构终身学习节"活动，对台中县、南投县、彰化县文化局与乡镇公共图书馆人员开展了名为"银发族亲善阅读师资培训研习"的活动，

提高老年读者的服务水平，此后高雄市、台中县、台北市继续开展此类活动。❶
如果信息援助的人手不够可以依托于"时间储蓄"形式招募志愿者，将参加
"时间储蓄"志愿者的信息存档保存，志愿者为老人提供了多少时间的服务将来
年老时也可以免费获得等时甚至加倍的志愿服务。如今北上广、太原、南京等
多个城市都推行了这项"时间储蓄"的活动❷。老年人信息援助的地点最好就近
选择，为了扩大援助区域的覆盖面，可以把老年图书馆（室）、老年公寓、老干
部活动室、老龄委、养老院、敬老院、老年活动中心、老年人教育基地、老年
大学、社区老年人服务中心等各种形式的老年服务机构整合起来开展公共信息
服务，建设社区或乡镇基层的流动信息援助点。如果一些年龄大、行动不便的
老年人想足不出户就能享受到信息援助，还可以采用投递的方式，把老人需要
的图书、期刊、报纸等资料邮寄给他们。例如，美国阿拉巴马州伯明翰图书馆
和杰弗逊图书馆联盟为老年人等生理弱势群体提供邮寄图书（Books-By-Mail）
的服务❸。目前，手机用户增长很快，很多老年用户都有专用的老年人手机，屏
幕较大，信息援助人员可以采用短信、微信或者手机播报的方式，将动态实时
更新的公共信息，推送到老年人的手机中。

2. 配备老年人专用电脑，建设老年人专用机房

调查发现，61.5% 的老年人觉得设计老年人专用电脑及配件能够方便自己

---

❶ 薛茂松 . 环境更亲善银发族易悦读 [EB/OL]. [2016-07-06].http://www.ntl.gov.tw/Publish_List.asp?
CatID=1542.

❷ 韩浚 . 攒时间养老———小议时间储蓄 [EB/OL]. [2014-03-26].http://www.chinapop.gov.cn/rkzh/rk/
rkysh/t2004 0326_2730.htm.

❸ Sandiego county library. Books-By-Mail[EB/OL]. [2014-05-01].http://www. bplonline. org/services/
booksmail. Asp.

获取网络上的公共信息，老年人上网点也需要配备一些专门为老年人设计的电脑。例如，英国某公司就设计了一款老年人专用电脑，起名为"Simplicity"，以操作简便为特色。此款电脑的系统界面十分简单，主要包括6个按钮，分别支持收发邮件、浏览网站、在线聊天、用户资料及"文件和照片"等6个上网常用功能。❶ 老年人视力不好、手脚不灵活，可以为他们配备有较大尺寸的 LCD 屏幕或者大按键、大字体的键盘，使用方便。如果有老年人不会拼音，无法使用普通键盘打字，信息援助时可以为他们提供支持手写输入法的手写键盘，不会打字的老人可以采用手写输入的方式输入文字，还可以采用一些具有特定功能的软件，例如鼠标平滑软件，它可以帮助有手震颤病症的老人过滤掉干扰性的手抖动。调查发现，23.0% 的老年人觉得提供免费上网服务能够方便自己获取网络上的公共信息。信息援助时可以考虑购置电脑等设备，投资修建一些社区或者乡镇的免费的机房和上网点，将社区图书馆的电子上网室免费对老年人开放，或者给在家上网的老人一定的补助。例如，重庆九龙坡区图书馆就专门为老年人提供免费上网的服务。政府部门也可以出台相应的政策，鼓励老年人上网。2009 年，石家庄市颁布的《石家庄市建立网吧管理长效机制试点工作方案（新修订）》中就规定了六十岁以上的老人可凭身份证免费在网吧上网 ❷。由于老年人的年龄普遍偏大，视力、听力等感官系统的功能有些退化，信息援助人员需要向他们提供大尺寸计算机屏幕或屏幕放大软件，以弥补视觉的缺陷。

---

❶ 张强，金涛，曲哲 . 图书馆在关注老年群体网络信息素养中的作用与作为 [J]. 图书馆理论与实践，2013(12)：27-28.

❷ 不详 . 石家庄：六十岁以上的老人可凭身份证免费在网吧上网 . [EB/OL]. [2014-10-28]http://hebei.news.163.com/ 16/0609/10/BP44QIKA02791FRS.html.

3. 开展老年人信息技术培训

调查发现，39.0% 的老年人觉得提供信息技能培训能够方便自己获取网络上的公共信息。公共信息援助时，信息技术人员要重点对有兴趣学习电脑的老年人开展计算机培训服务，定期举办上网技能辅导班及信息技能讲座等来提高老年人的计算机技能。例如，2009 年英国针对居住在福利院的老人上网不便的实际情况，开展了一项信息援助的项目，起名为 "Get Digital"，为他们提供计算机等设备，对他们开展网络知识培训，帮助他们顺利使用网络。挪威一个名为 "Seniornett" 的 NGO，自 1999 年起设定 "长者冲浪日"，让专业人士指导老年人上网，这个机构还为企业里的在职老年员工，提供信息技能的培训。信息援助为老年人普及电脑知识、开展培训所选用的教材、软件、学习课程都要根据老年人的学习习惯来设计，由浅入深、循序渐进，有计划分步骤地进行，可以分阶段开设老年人电脑知识入门课程、信息技能提高课程和电脑兴趣培养课程等。在培训过程可以编写老年人专用电脑教材或者培训资料，同时注意授课方式的趣味性，以生动、灵活的方式介绍电脑知识。例如，2011 年百度举办的 "教父母上网，让亲情再无距离" 活动就很成功 ❶，因为活动针对老年人上网常见的问题，手把手地指导老年人上网。为了减轻知识点的难度，让老年人快乐学习，百度公司注重培训材料的趣味性，提供了 "漫画版" 的操作说明。老年人知识文化基础薄弱，很多人只会方言不会说普通话，给打字带来了难度。想学拼音打字的老年人在学打字之前，信息援助人员要花大量的时间帮助他们从入门级的拼音开始学习。老年人接收信

---

❶　不详. 百度 "教父母上网" 专题 满足老年人上网需求 . [EB/OL]. [2014-10-28]http://www.iteer.net/modules/news/ article.php?storyid=53024.

息技术没有年轻人快，刚开始学习时，操作要一步一步慢慢来。信息援助人员要少讲理论，多讲方法和操作，可通过具体的实例和图标展示计算机知识，把重点、难点、步骤、方法传授给老年人，让老年人"照葫芦画瓢"。首先从开关机、键盘、鼠标操作学起，然后了解电脑桌面的一些图标的功能，会操作常用的程序（如文字处理软件（WORD）、数据处理软件（EXECEL）。另一方面，信息援助人员可以选择老年人感兴趣的任务，譬如许多老年人想写文章、存储电子照片、想给朋友发电子邮件；想与亲戚进行视频通话；想把熟人的电话通讯录存入电脑，以方便联系；想用电脑管理日常收支并进行财务统计。信息援助人员可以以上述任务为切入点，从具体实际问题入手，介绍电脑的常用功能。老年人记性不好，信息援助人员要有十分的耐心，要时常帮他们巩固知识点，帮他们答疑解惑。除了电脑知识培训，信息援助时还可以为老年人提供一些电脑购置、电脑维修等活动。例如，上海市开展了一项名为"扶老上网工程计划"的活动❶，对社区的老年人开展电脑知识培训，并设立服务热线，联合"老小孩网站"等组织为老年人提供电脑知识咨询、电脑代购、电脑上门维修等多样化的服务，并且组织老年人参加网络征文、电脑游戏比赛、网页制作等活动。由于培训比较费时，如果人手短缺，培训时可以采用协作式信息援助方式联合老年大学、社区志愿者，甚至老年人的子女帮助老年人顺利掌握计算机知识。

---

❶ 不详. 上海市"扶老上网"工程正式启动 . [EB/OL]. [2013-10-28]. http://news.sina.com.cn/o/2003-09-28/1317834 249s .shtml.

5.3.3　老年群体公共信息援助平台设计

本研究调查发现，49.7% 的老年人觉得设计专门针对老年人的网站或者公共信息平台能够方便自己获取网络上的公共信息。大部分的老年人认为普通的网站或者公共信息平台，没有针对老年人的信息需求和使用习惯。信息援助时可以设计专门针对的老年人公共信息服务平台，让老年人获得最新、全面的公共信息，尽可能满足他们的信息需求。平台的建设不能单由政府一方包揽，可调动私营机构、事业单位、公益组织甚至普通民众协同合作。老年人对新技术的掌握力和领悟力有限，对公共信息的洞察力和理解力也不强，平台建设要符合老年人的习惯和特点，平台界面要求简洁、导航清晰、操作程序便利，否则网页海量的公共信息、繁杂的内容，易使老年人迷航。老年人公共信息服务平台要设计各种向导信息、浏览列表框、网站地图、网站导航等，还需要提供配有截图说明的详细版使用指南，方便老年用户在网站上快速而精确地找到所需的公共信息。平台上发布了适合老年人使用的大量公共信息资源，并且对信息进行分门别类地整理，包括社会保障信息、医疗卫生信息、交通出行信息、教育培训信息、法律法规信息、营养保健信息、天气地理信息、旅游娱乐信息、政治时事信、历史文化信息、经济金融信息等多种类型，可以供老年人选择、浏览、下载，如图 5.13 所示。

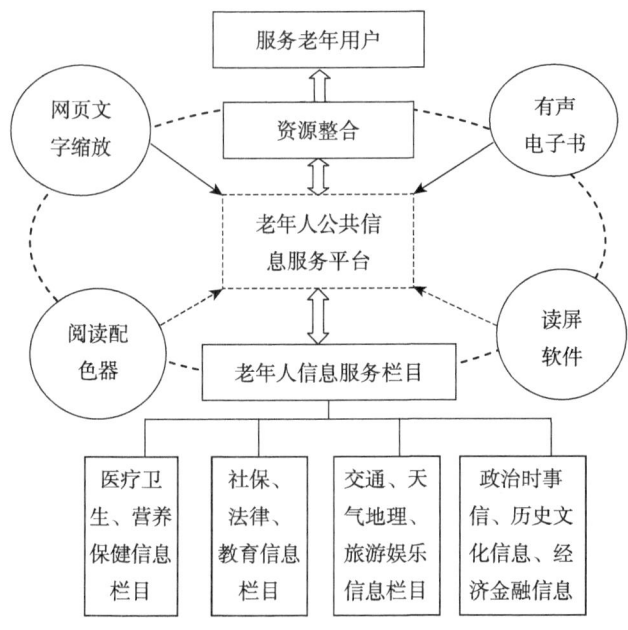

图 5.13 老年人公共信息服务平台的架构

1. 医疗卫生、营养保健信息栏目

老年人免疫力较低，或多或少有些病痛，对医疗卫生信息的需求比较迫切。医疗卫生信息栏目需要公布医院分布和具体地理位置的信息，每个三甲医院的特色优势、典型案例、名医信息、预约挂号的联系方式，还有医保报销和缴费的流程，医保的定点医院，以及社区、乡镇的医疗服务点的位置、服务内容、服务时间、服务人员情况，都应该全面地提供给老年用户。医疗卫生信息栏目应整合突发疾病的急救知识、急救热线电话的信息和老年人的护理知识、医疗常识、老年保健和养生常识，还有营养保健人员、医护人员、家庭保姆等护理人员的联系方式等信息。如果老年人公共信息服务平台整合了医院资源的话，最为理想的是老年人可以通过这个模块预约医院会诊和一对一的家庭护理服务。

2. 社会保障、法律法规、教育培训信息栏目

社保关系老年人的切身利益，很多老年人搞不清楚养老金领取标准、异地领取养老金、跨省医保报销、符合五保户的条件、社会救济申请等信息，这些事项所涉的流程对老年人来说比较复杂，可把这些信息放在老年人公共信息服务平台的社会保障、法律法规、教育培训栏目，方便老年人操作。老年人年纪大，鉴别能力较差，需要一些法律知识维护自己的权益。老年人公共信息服务平台可发布涉及老年人救助、老年人赡养、消费侵权投诉等方面的法律法规信息。老年人可以查询相关政策、文件维护自己的权益。很多老年人兴趣较广，想充电学习，老年人公共信息服务平台需要把老年大学的课程、老年人兴趣班、知识技术培训等信息发布在网上供老年人查阅。

3. 交通出行、天气地理、旅游娱乐信息栏目

老年人记性不好，容易迷路。老年人公共信息服务的交通出行信息栏目主要为老年人介绍各种地图的信息，包括超市、菜市、商场、银行等生活场所位置信息以及城市公交线路等。对老年人常去地方如公园、菜市、超市、老年人活动中心等常去线路着重指明。老年人公共信息服务平台可发布老年人优待证、免费公交卡、爱心地铁卡、图书证等证件办理的流程信息。考虑到出行的便利，老年人公共信息服务平台可为老年人提供实时的天气预报、名胜古迹地点信息、出行注意事项、旅行线路的信息等。老年人公共信息服务平台还可以搭建老年人活动小组交流养生、花草种植、棋牌、游戏、书画、

摄影、运动等生活娱乐信息，甚至可为丧偶、独居的老年人提供交友、相亲的信息。

4. 时事政治信息、历史文化信息、经济金融信息栏目

很多老年人关心国家时事，老年人公共信息服务平台的时事政治信息栏目可以把最近的焦点事件、热点新闻跟踪发布出来，供感兴趣的老年人查阅。还有些老年人喜欢历史文化方面的知识，喜欢进行一些投资理财活动，如炒股、买基金。老年人公共信息服务平台也可以公布这些经济金融方面的信息。

老年人的知识文化水平普遍不高，老年人公共信息服务平台应选择通俗易懂、贴近生活的信息内容，避免过于专业、过于复杂、难于理解的知识，如果使用缩写和简称时，应该提供详细的说明。老年人公共信息服务平台的信息内容复杂多样，可以按不同信息类型分成明确的板块来设计栏目。每个栏目的信息内容合理分布，各栏目主题要鲜明，不能混乱。老年人点击感兴趣的栏目便可以集中浏览所要查询的信息。为了老年人能快捷方便地获取自己所需的信息，网站应该提供信息内容导引性质的提示，以供老年人选择。每个栏目除了用文字标识外，还可以绘制代表性的图标来表示特定栏目，如医疗信息栏目可以将红十字形的图标放在栏目标题旁边，这样便于理解，老年人看到这些提示性的图标即可知道此栏目的主要信息内容。

老年人公共信息服务平台的网页页面需要设计一个无障碍阅读辅助工具栏，工具栏有网页放大缩小、文字放大缩小、文字加粗变细、阅读配色器、标注网格线等辅助阅读的快捷键。缩放网页、更改字体可以由老年人自主调整，这样可以用大字体的形式展示文字，可以方便老年人进行浏览。老年人长时间对着电脑屏幕容易视力疲劳，尽量不使用移动图标、杂凌乱的视觉背景或闪烁的颜

色，可以在多数网页中采用柔和的颜色，用高亮色、强调色或者醒目的标签标识关键文字和段落，方便老年人快速捕捉网页上的重要信息。网站配色器最好提供几套最佳颜色搭配方案，如最简单的白底黑字常规版、绿底黑字护眼版，还有蓝底黄字、黄底黑字、黑底黄字等各种配色方案。如果不喜欢平台预先设置的配色方案也可以选择自主"配色"，老年访问者可以根据自身喜好选择字体颜色和网页背景颜色。如果老年用户的视力不佳，还可以在平台上存储有声电子书，配置读屏软件或者屏幕阅读器等语音转换设备，引进语音转化技术将网页上的文字和图形转化为语音形式。老年用户只需点击工具栏中的"智能语音朗读"按钮，软件就会把同步文字自动播报和朗读出来，供视力不好的老年人"听网"时使用。网页可以增添光标定位功能，使用该功能够使光标追随朗读的文字，这样视力不好的老人可以清楚地校对阅读的进度。有些老年人听力欠佳，老年人公共信息服务平台上的音频和视频、多媒体文件涉及语音的部分最好配字幕或者文字说明。有些老年人行动不便、肢体残疾，无法使用普通的键盘与鼠标，信息援助时最好为他们提供设备帮助他们声控电脑，让电脑对应他们的语音命令进行相应操作。老年人精力不是很充沛，老年人公共信息服务平台上最好配有时间提示系统，每隔一定的时间段，向老年人发出休息提醒。老年用户在使用平台过程中有任何疑问或操作困难时，可以通过短信、即时聊天工具QQ、博客、微博、微信、论坛、留言板等联系信息援助人员，信息援助人员也可通过人工服务电话、视频对话及时给予解答，消除疑惑。

另外，老年人公共信息服务平台可以设置方便的链接，为老年人推荐一些适宜的网站及专门面向老年人的服务站点，供老年人访问。计算机能力较强的老年人可以在信息援助人员的帮助下，尝试利用专业化的搜索引擎查询公共信息，其中"百度老年搜索""老人上网伴侣"是很好的选择。"百度老年搜索"是百度公司于 2009 年推出的，它的显著特征是搜索框界面大，显示的字体也比较大，而且提供了适合老年人的网站列表。"老年人上网伴侣"内置了中老年人上网导航系统，功能强大，操作简单，界面友好，支持自定义网页字体大小，并能自动屏蔽网络上的有害信息❶。如果老年人的电脑操作能力实在太低，拼音不好不会使用键盘打字时，老年人公共信息服务平台可以考虑采用其他方式来代替用键盘打字。譬如启用"语音输入模式"，老年人只需在搜索栏内点击特定的"话筒"按键说出自己想搜索和查询的内容，老年人公共信息服务平台就会自动识别语音信息，在搜索栏进行网络搜索，并且快速返回查询结果。例如，老年人只要说出"查看社保信息"，系统就可以自动搜索，并返回检索到的结果条目。老年人公共信息服务平台最好能支持语音留言，如果老年人对公共信息服务有什么问题、意见或要求也可说出自己想留言的内容，语音留言系统会自动保存、备份，信息援助人员再对这些留言进行回复和解答。这样即使不会拼音和打字的老年人也可以无障碍地享受到公共信息服务。老年人公共信息服务平台也应该变被动服务为主动服务，以个性化公共信息推送服务、个性化公共信息定制的方式提高服务质量。

5.4　面向残障群体的个性化方案

残障人士由于器官、肢体、智力等方面的缺陷，给生活工作带来了极大不便。很多残障人士找不到工作，甚至连生活都不能自理，身体残障、家庭贫困、收入微薄，是普遍公认的弱势群体类型之一。

---

❶　下载银行. 老年人上网伴侣 [EB/OL]. [2013-11-28]. http://www.downbank.cn/soft/2/27/2010/2010050719612. htm.

5.4.1　我国残障群体的类型结构

我国残障群体的规模庞大，根据第六次全国人口普查的推算，2010 年年末我国残障人士超过了 8500 万人，残障人士具体类型如下表 5.7 所示。

表 5.7　中国残障人士构成汇总表

类　型	人数（万）	百分比（%）
视力残疾	1263	14.89
听力残疾	2054	24.2
言语残疾	130	1.5
肢体残疾	2472	29.1
智力残疾	568	6.7
精神残疾	629	7.4
多重残疾	1368	16.1

资料来源：中国残障人士联合会 ❶

5.4.2　残障群体的公共信息需求与公共信息行为调查

为了有针对性地了解残障人士的公共信息需求和公共信息行为，本研究针对残障人士进行了细致的调查。本次调查历时半年，在正式调查之前对残障人士进行了预调查。根据预调查反馈的结果，调整了问卷的不合理之处，进一步完善了问卷设计，形成了正式问卷的模板。由于残障人士行动不便、沟通难度较大，本次调查的难度较大。在抽样方法上考虑到残障人士的实际情况无法采

---

❶　中国残障人士联合会 . 2010 年末全国残疾人总数及各类、不同残疾等级人数 [EB/OL]. [2013-04-03]. http://ww. cdpf.org.cn/.

用随机抽样，因此本研究依据非概率抽样，采用方便抽样的方法，在调查时尽量与被访者充分解释问卷的基本内容，当场回答被访者的疑问，以降低残障人士填写问卷的难度。本研究发放调查问卷129份，回收问卷122份，回收率为94.6%，其中有效问卷为121份，有效回收率为93.8%，采用熟人介绍认识的残障人士的途径，并全部采用入户访问的形式因而问卷的回收率比较高。被调查对象的详细情况如表5.8所示。从调查结果可以看出，被调查者主要集中于中青年年龄段，男性比例高于女性，文化水平处于初中及以下，个人收入大部分处于月收入2000元以下的水平，多数情况下支出大于收入，身体存在伤残，以上情况符合弱势群体的特征。

表5.8 被调查对象的基本情况

基本特征		频数	百分比（%）	基本特征		频数	百分比（%）
年龄	≤20岁	0	0%	性别	男	73	60.3%
	21~40岁	60	49.6%		女	48	39.7%
	41~65岁	44	36.4%	个人收入	500元以下	45	37.2%
	≥65岁	17	14%		501~1000元	34	28.1%
文化程度	不识字或仅能够阅读	27	22.3%		1001~1500元	32	26.4%
	初小	29	24%		1501~2000元	8	6.6%
	高小	8	6.6%		2000元以上	2	1.7%
	初中	19	15.7%	收入来源	在家务农	28	23.1%
	职业高中	5	4.1%		外出打工	24	19.8%
	普高	9	7.4%		做小生意	26	21.5%
	中专、中技	5	4.1%		社会救济	43	35.5%
	电大、函大、职大、夜大、成人高考	0	0%		其他	9	7.4%

基本特征		频数	百分比	基本特征		频数	百分比
文化程度	大专	4	3.3%	稳定情况	收入稳定	61	50.4%
	本科	12	9.9%		收入不稳定	59	48.8%
	研究生教育	1	0.8%	残障类型	听力损伤	17	14%
	私塾	0	0%		视力损伤	13	10.7%
	特殊教育	2	1.7%		肢体损伤	82	67.8%
	其他	1	0.8%		言语障碍	3	2.5%
收支情况	收大于支	24	19.8%		其他残障	4	3.3%
	支大于收	52	43%		多重残障	2	1.7%
	收支均衡	45	37.2%				

　　由于调查条件的限制，课题小组主要调查的对象为肢体残障者，以及少量的听力障碍和言语障碍的被访者，在调查时邀请了本市聋哑学校的老师作为志愿者提供帮助。尽管前面对弱势群体的信息需求和信息行为的共性特征进行了调查，不过残障人士的信息意识、信息需求和信息行为有自己鲜明的特色，需要进行有针对性的调查。专门针对残障人士的调查发现，6.6% 的残障人士觉得公共信息对自己的工作和生活很有用；28.9% 的残障人士觉得公共信息比较有用；30.6% 的残障人士觉得公共信息价值一般；24% 的残障人士觉得公共信息比较没用；9.9% 的残障人士觉得公共信息很没用，如图 5.14 所示。

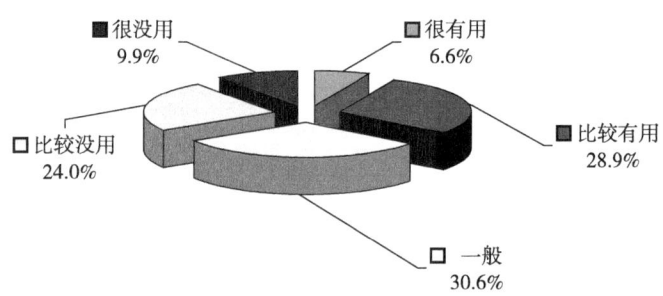

图 5.14　障群体公共信息意识调查

残障人士获取公共信息的目的方面，60.3% 的残障人士获取公共信息是为了"消磨空闲时间"，45.5% 的残障人士获取公共信息是为了"了解康复信息"，40.5% 的残障人士获取公共信息是为了"提高生活水平与质量"，38.0% 的残障人士获取公共信息是为了"丰富业余生活"，27.3% 的残障人士获取公共信息是为了"了解身边事情"。在公共信息需求的类型方面，84.3% 的残障人士选择医疗信息作为他们最需要的公共信息，这是因为他们对健康的关注超过普通人。有 58.7% 的残障人士提出需要政策信息，特别是信息无障碍方面的政策、社会保障方面的政策、残障人士在就业、创业、经营方面的特殊优惠政策。有 31.4% 的残障人士提出需要就业信息，他们身体残障但还是想获得一份工作争取自食其力，有 30.6% 的残障人士选择需要经济信息，主要目的是为了增加收入；19.8% 的残障人士提出需要教育信息，特别是针对残障人士的特殊教育方面的资讯，17.4% 的残障人士提出需要法律信息，主要是为了维护自身权益，如图 5.15 所示。

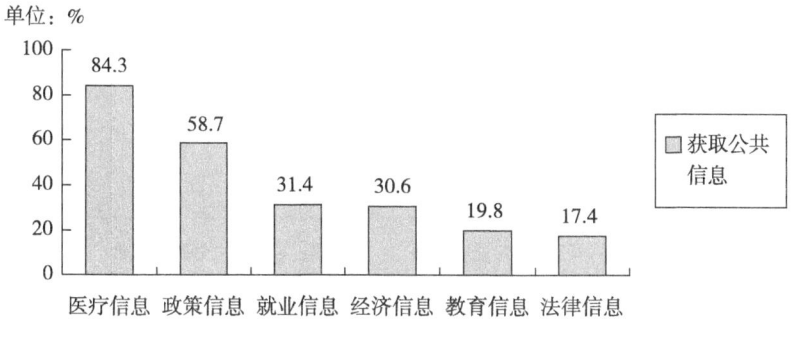

图 5.15　残障群体获取公共信息类型调查

残障人士最喜欢的公共信息获取途径仍是电视（所占比例为 29.8%），人际交流（选择与亲戚、朋友、熟人聊天比例为 22.3% ）位居第二，有 9.1% 的残障人士选择报纸杂志。选择广播和公告栏的比例很低，都为 4.1%。选择网络的也特别少。而图书馆的选择比例最低，没有一名残障人士选择利用图书馆来获取公共信息。

14.9% 的残障人士有意愿获取公共信息并且经常能顺利获取，40.5% 的残障人士有意愿获取公共信息并且偶尔能顺利获取，18.2% 的残障人士有意愿获取公共信息但是经常无法顺利获得，与其他类型的弱势群体相比，残障群体觉得 "没必要获取公共信息" 的比例较高，高达 26.4%，如图 5.16 所示。这不仅仅是由于残障群体的公共信息意识偏低，还由于残障群体的身体缺陷导致了很多需求都无法满足，生存、工作、生活都存在障碍，他们认为作为物质附属品的信息更是奢侈品，甚至悲观失望地认为公共信息解决不了自己的问题，不需要公共信息。

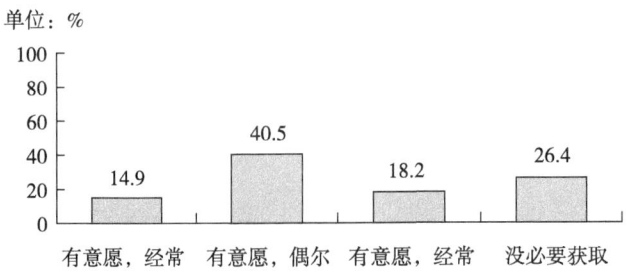

图 5.16　障群体获取公共信息状况调查

分析残障人士获取公共信息不顺利的原因，57.0% 的残障人士认为生理障碍阻碍了自己获取公共信息服务，39.7% 的残障人士认为缺乏特殊文献、信息资源阻碍了自己获取公共信息服务，39.7% 的残障人士认为信息技能低阻碍了自己获取公共信息服务。38.8% 的残障人士认为缺乏专门针对残障人士的信息服务阻碍了自己获取公共信息服务。26.4% 的残障人士认为收入少阻碍了自己获取公共信息服务，17.4% 的残障人士认为缺少公共信息服务人员的帮忙阻碍了自己获取公共信息服务。9.9% 的残障人士认为政府部门措施不得力阻碍了自己获取公共信息服务。如图 5.17 所示。

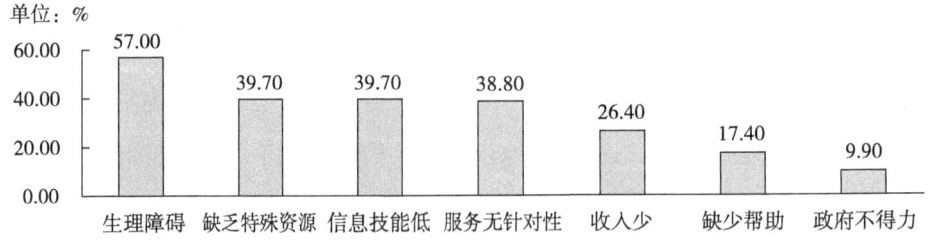

图 5.17　障群体获取公共信息障碍调查

如果寻找公共信息的过程很麻烦，75.2% 残障人士会放弃寻找。残障人士找不到信息时有时会产生不良情绪，但有 24.8% 的残障人士表示会想办法直到找到所需公共信息，决心找到公共信息的人数比例甚至比前文提到的其他类型的弱势群体还高，这个结果有点出乎意料。在深入访谈中了解到，很多残障人士在与疾病长期斗争过程中形成了坚韧的品格，所以养成了不轻言放弃的精神。残障人士由于身体的缺陷，性格比较内向，不爱与人交往，5.0% 的残障人士与别人交流公共信息的频率非常高，23.1% 的残障人士与别人交流公共信息的频率比较高，40.5% 的残障人士与别人交流公共信息的频率一般，19.0% 的残障人士与别人交流公共信息的频率比较少，12.4% 的残障人士很少与别人交流公共信息，如图 5.18 所示。

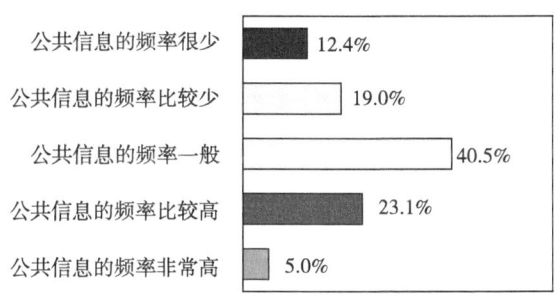

图 5.18 障群体公共信息交流频率调查

没有一个残障人士认为公共信息服务中为他们提供的特殊义献（如盲人文献）、网站、设备等资源很充足，4.1% 的残障人士认为公共信息服务时为他们提供的特殊文献（如盲人文献）、网站、设备等资源比较充足，32.2% 残障人士认为一般，43.8% 的残障人士认为公共信息服务时为他们提供的特殊文献（如盲人文献）、网站、设备等资源比较缺乏，19.8% 的残障人士认为公共信息服务时为他们提供的特殊文献（如盲人文献）、网站、设备等资源很缺乏。特殊文献（如盲人文献）、网站、设备等资源欠缺，这势必会影响到残障人士对公共信息服务的满意度，因此只有 1.7% 的残障人士非常满意目前的公共信息服务，22.3% 的残障人士表示较为满意目前的公共信息服务，62.0% 的残障人士认为一般，9.9% 的残障人士较不满意目前的公共信息服务，4.1% 的残障人士非常不满意目前的公共信息服务，如图 5.19 所示。

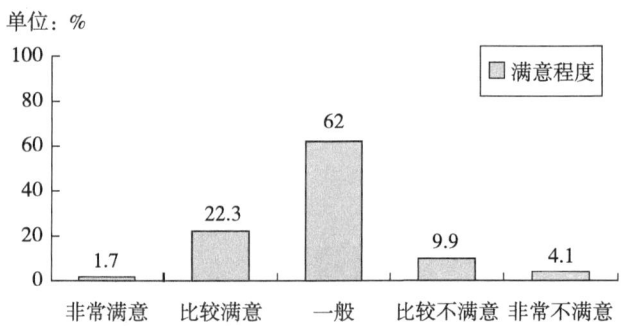

图 5.19　障群体对公共信息服务的满意程度调查

93.6% 的残障人士认为提供残障人士专用设备对自己帮助较大，95.8% 的残障人士认为提供残障人士专用文献资源对自己帮助较大，97.8% 的残障人士认为提供残障人士专项服务对自己帮助较大。很多残障人士对电脑和网络都有需求，希望能和正常人一样操作电脑。56.2% 的残障人士认为设计专门针对残障人士的网站或者公共信息平台能够方便自己获取网络上的公共信息。46.3% 的残障人士认为设计残障人士专用电脑及配件能方便自己获取网络上的公共信息，但有一半以上的残障人士认为即使免费也用不上电脑。43.8% 的残障人士认为提供信息技能培训能方便自己获取网络上的公共信息，但有一半以上的残

障人士认为信息技能培训对自己毫无用处。34.7% 的残障人士认为提供免费的
上网服务能方便自己获取网络上的公共信息，但有 65.3% 的残障人士认为即使
免费也不想上网。

5.4.3　残障群体公共信息援助方案

　　虽然目前有政策已针对残障人士给予了特殊的照顾和支持，不过残障群体
身体上的不便之处严重制约了其公共信息活动。在操作层面，如果仅仅依靠传
统公共信息服务是远远不够的，为了弥补他们信息获取、利用方面的劣势，要
针对他们的身体状况开展有针对性的公共信息援助。信息援助时要尽量保障残
障人士对信息的可获得性和可感知性。即使他们身体的某个感官遭到损害，一
些功能缺失或退化，也要通过高科技的信息无障碍技术转化信息表现形式，帮
助他们顺利感知信息、获取信息。例如，视障人士视力欠缺，就需要将视觉信
息转化成语音格式，让视障人士能够听见。听力障碍人士听力受损，就需要将
声音转化成图片或者文字格式，让听力障碍人士可以看见。语言障碍人士无法
通过对话进行信息交流，就需要用借助于文字、图片或文档表达观点。目前，
尽管有不少为残障人士提供的公共信息服务活动，但是并没有按照残障人士的
类型加以区分，本研究在此针对各种残障类型提出为细致的信息援助方案。人
口普查的数据显示：肢体残障、听力残障、视力残障的人数比重较大，而言语
残障、智力残障、精神残障的人数较少，因此重点针对前三种残障类型设计信
息援助方案。

1. 对视障人士的信息援助方案

由于不方便依靠视觉获取信息，这给视障人士带来了极大的阻碍，因此他们是信息援助的重点关注对象。信息援助时要在物理环境、辅助设备、网络资源方面都保障视障人士无障碍使用，才能为视障人士公共信息获取机会均等的实现创造有利条件，如图 5.20 所示。

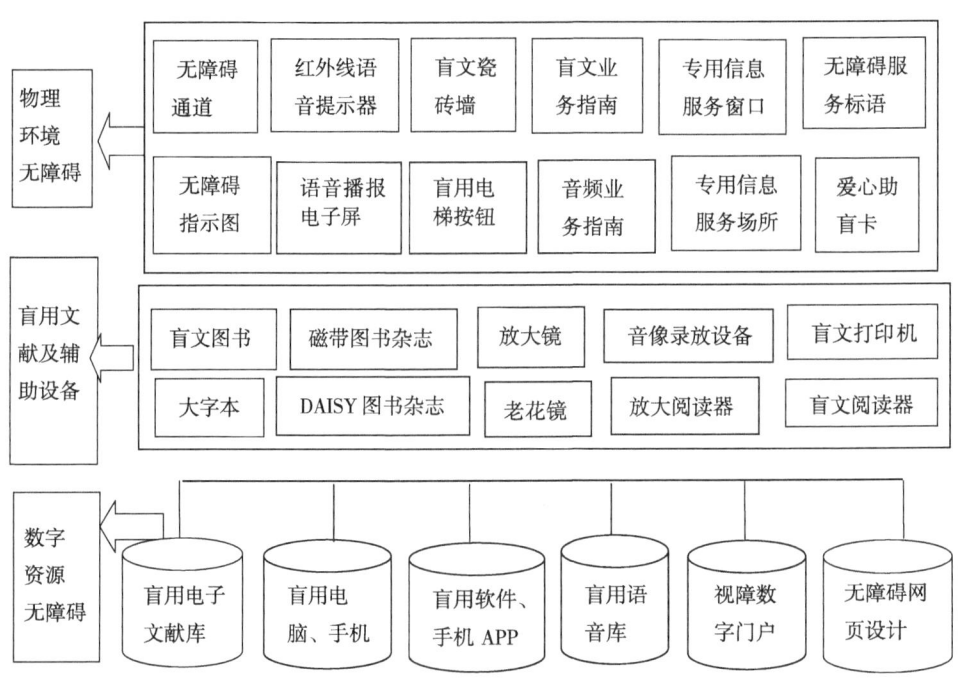

图 5.20 面向视障人士的援助方案

（1）无障碍的物理环境和盲用文献资源及辅助设备

视障人士行动不便，需要在公共信息服务场所设置无障碍通道或者相关功能的服务设施，实现物理环境无障碍化。特别是公共信息服务场所面积比较大、楼层比较多时，需要在建筑物的入门处设置用国际公认的无障碍标志描绘的指示地图并设置红外线语音提示器。地面也应该修建具有凹凸纹的盲人引道，过道使用盲文瓷砖墙，引导视障人士访问。电梯需要具备语音提示功能并配备盲人专用的控制按钮。盲人专用宣传栏以盲文的形式发布公共信息，并悬挂具有语音播报功能的电子屏。最理想的是在公共信息服务场所设置视障人士信息服务专用窗口，窗口悬挂无障碍服务标语，提供爱心助盲卡、音频业务指南、盲文业务指南等，信息援助人员随时提供帮助。信息援助人员可以为视障人士提供"面对面"的朗读服务，现场为他们朗读感兴趣的内容。有被访者提出："希望有视力失明的人专用的信息查找室，有专门工作人员帮助查询和解释。"视障人士无法使用普通的书籍文献，可专门修建全新的建筑作为专用的公共信息服务场所囤放盲文文献，也可以通过改造现有的场所来实现，例如在图书馆、档案馆、信息服务中心、社区办公室等地方增设盲人阅览室。如 2008 年 9 月 28 日，宜昌市图书馆与宜昌市残障人士联合会合作组建的爱心阅览室正式对外开放 ❶；2009 年营口市图书馆"盲文及盲人有声读物阅览室"启用 ❷。视障人士的信息援助成本较高，需要购买专门的文献、需要配备盲人有声读物以及专门的辅助设备和软件，需要加大资金投入的力度。阅览室或者视障人士专用的公共信息服务场所可以配备"会说话"的图书（包括磁带图书、磁带杂志、DAISY 图书、DAISY 杂志、DAISY 多媒体）等、盲文图书和大字木图书，以及配置放人镜、老花眼镜、音像录放设备、盲文打印机、放大阅读器等设备。信息援助时还可借助于盲文阅读器的光学文字识别功能（OCR）将普通纸本书籍上的文字提取

❶　郭慧霞 . 面向信息弱势群体的图书馆信息无障碍服务研究 [D]. 郑州：郑州大学，2010(5).
❷　郭慧霞 . 面向信息弱势群体的图书馆信息无障碍服务研究 [D]. 郑州：郑州大学，2010(5).

并转换，使之以盲文的形式在面板上显示出来，帮助全盲者阅读普通书籍，操作简单方便。更理想的是采用有声版的盲文阅读器和盲用读书机，直接以语音的形式将纸本文献播报出来。

（2）盲用电脑与相关辅助软件

掌握电脑知识在信息社会相当重要，信息援助时要对不懂电脑操作的视障人士开展电脑培训。例如，2004 年开始，中国残障人士福利基金会、中国盲人协会、中国盲文出版社、IBM（中国）公司发起了"十万盲人学电脑"活动，累计有 2 万多人接受了电脑培训❶。具备了电脑操作的基础知识后，信息援助时接下来需要为视障人士操作电脑配备专门的设备。针对视障人士的电脑辅助设备及软件，分为低视力和全盲两种类型。低视力者需要配备防眩目屏幕、高解析度大屏幕监视器、计算机屏幕放大显示的硬件或软件等。全盲者无法使用普通的显示器，信息援助人员需要为他们安装专用的盲文点字显示器（又称盲文触感屏），全盲者触摸利用新材料制成的屏幕即可阅读电脑中存储的文件，实现与计算机的人机交互过程。全盲者不能使用普通的键盘，信息援助人员需要为他们配置可触摸式键盘。盲用触摸键盘的表面，即可感知键盘上的各种符号，这样就可以自由地发出指令操作计算机。全盲者即使配备了可触摸式键盘输入文字时仍然容易产生输入错误，并且难以觉察错误。信息援助人员可以在电脑上安装即时语音提示 / 校对专家，这款语音识别和语音合成软件能把输入的字符、文字读出来，这样全盲者就可以校对检验、发现输入错误，提高信息输入的准确率。如果他们想打印存储在电脑中的资料，可以使用盲文打印机自

---

❶ 潘跃. 十万盲人学电脑"启动仪式"在京举行 [N]. 人民日报，2005-11-09(10).

由打印，将所需要的盲文同步输出。可触摸式键盘和盲文点字显示器是最基本的工具，配备了这两款工具就基本上扫清了全盲者操作电脑的障碍。随着语音识别技术的发展，全盲者能完全依靠语音输入文字、操作电脑。如果信息援助的经费充足，再为他们增加一些专用软件和设备更是如虎添翼了。比较好用的设备有蓝牙无线读屏装置，此设备综合集成了语音读屏和蓝牙通信等关键技术。全盲者可以在 20 米直径区域中，通过语音提示或点击遥控器或头戴装置上的功能键来指挥控制电脑，此设备支持语音朗读各种格式的文件、访问网站、阅读网页、语音导航、中英文混读、系统操作、功能设置、遥控关机等众多功能。全盲者不用依靠触摸识别文字，只需点击大键盘、数字键盘、鼠标选定区域，电脑就会依次读出所选区域中的全部文字，全盲者依靠"听音"的方式阅读速度更快，操作更方便。信息援助时还可以选择功能更为强大的盲人数字助理软件，此软件综合了语音识别、语音合成和图像识别等技术，能够智能地进行场景分析与识别，借助此软件的帮助全盲者能自由浏览纸质文本和电子文本、语音播报电子邮件。如果不想借助电脑，信息援助人员还可以为全盲者提供盲文写作器、书写板等，供他们记录信息。这些软件、设备和产品都极大地方便了视障人士获取公共信息，有效地扩大了信息援助的覆盖范围，保障了视障人士的公共信息权益。

（3）盲用语音库、视障数字门户及无障碍网页设计

为视障人士进行公共信息服务时可以帮他们设计专业化的语音库，以语音文件的形式存储大量的资料、政府政策文件、生活就业信息等，供他们播放。当视障人士掌握电脑知识后也可以上网访问一些为他们量身打造的网络资源。自 1998 年起，加拿大国家盲人协会（CNIB）图书馆就逐步将馆藏数字化，建

成了视障者数字门户。2002 年，联合微软公司搭建了全球首个为视障儿童建立的集成数字图书馆系统（The Integrated Digital Library System）。此系统未建时，占加拿大人口 10% 的视障人士只能浏览 3% 左右的信息，而当前他们能获取与正常人同等的资料❶。在国内，清华大学设计了盲用综合应用系统，整合了键盘文本输入编辑、语音朗读、盲用浏览器等多项功能。中国盲文出版社和华建集团设计了"阳光"盲文系统。分为中英文语音服务器软件、读屏软件、通用盲汉输入法、语言浏览器、语音电子邮件管理软件、发音词典、计算机系统检测盒开机引导设置工具、语言网络文件下载软件、盲人读书软件和专业盲文编辑出版软件十大模块。另外，中国盲文出版社还开发了"读书郎"盲人掌上电子书❷。2008 年，中国残障人士联合会网站成为我国首个进行了无障碍改造的网站。2006 年年底，中国残障人士联合会开通了中国残联盲文版网站。2010 年，上海政府门户网站成为国内首家进行了无障碍改造省级政府门户网站。随后，许多政府的门户网站和公共信息网站，如云南省人民政府门户网站、渭南市人民政府、岳麓区政府网、攀枝花市公共信息网、爱河盲人网等众多网站增设了无障碍辅助浏览的设置。视障人士在网络查询公共信息时可使用特殊检索工具。例如，美国建有 140 个残障人士图书馆，除了提供声音的辅助外，在检索与浏览书目资料方面，则利用 Telnet 方式的 LOCIS 辅助视障用户检索线上目录，还有点字书与有声读物。❸ 如果他们想访问其他国家的网站，可以借助于电脑配备的电子词典、小型翻译服务系统等，能将文字翻译为盲文，帮助视障人士扫除语言障碍。这些措施都极大地方便了视障人士使用互联网上的公共信息资源。

❶ 肖雪，王子舟.国外图书馆对弱势群体知识援助的历史与现状 [J].图书情报知识，2006(3):21-29.
❷ 中国盲文出版社.为盲人耕耘，工作快乐 [J].中国残疾人，2010(9):18-18.
❸ 马平瑛.关于实现无障碍图书馆的思考 [J].图书馆工作与研究，2004 (5): 24-25.

　　已有的针对视障人士的网络资源收到了不错的效果。毕竟目前适合视障人士的网站所占的比例仍然偏低。在信息援助过程中要继续扩大无障碍版网站的覆盖面，从技术层面和服务层面对政府的门户网站和公共信息服务网站都加以改造，使之符合 WCAG 2.0 规定无障碍网页设计标准，多考虑视障人士的公共信息障碍，增加无障碍版。无障碍网页设计的核心元素包括网页语音导航、自动语音提示、文字阅读专用屏、光标语音指读、图文放大缩小、纯文本阅读、阅读配色器、阅读辅助十字光标等，如图 5.21 所示。

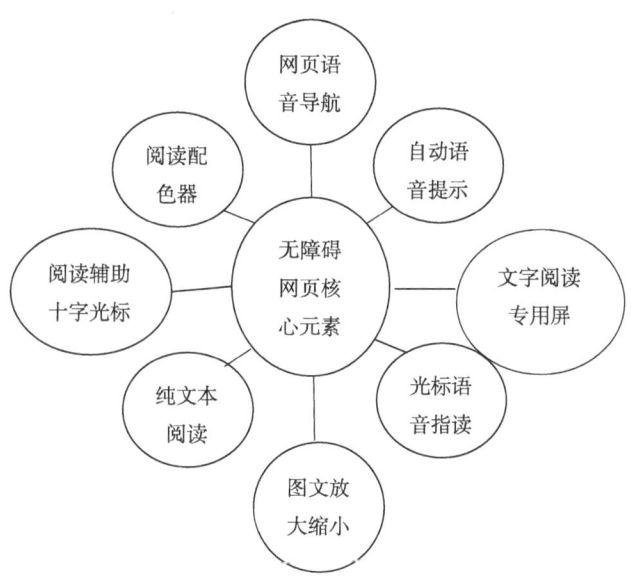

图 5.21　无障碍网页设计的核心元素

　　针对色盲、色弱用户，无障碍版必须提供阅读配色器或调色板供用户自主选择网页背景颜色、字体色彩、色彩强弱对比度等设置，对于重要信息处可标注强调，引起用户关注。针对年长者、弱视者等视力欠佳的用户，无障碍版必须提供页面字体调节、文字放大阅读屏、阅读辅助十字光标、高对比阅读配色器、纯文本模式阅读、网页界面缩放等工具。选择以上工具，视障人士可自主设定最佳字体大小、网页颜色、对比度、页面大小，调整显示比率，更方便阅读、查找网站上的信息。色弱、视弱用户眼睛的适应能力差，可以为网页中的图片、媒体、按钮、链接等元素添加可替代文字说明，避免使用炫光、闪烁、复杂的色彩元素图像、快速动态影像等多媒体效果，以免造阅读不适反应。针对全盲用户，无障碍版应该重点突出语音朗读、语音个性化调整的功能，把网页文本自动转化为语音格式，帮助那些没有安装读屏软件的盲人用户通过语音导航顺利浏览网页内容。网页上必须提供语音指读、语音讲解、语速调整、辅助提示语音、语音数字导航等工具，方便用户控制语速、音量。无障碍版网页设计要简单、实用，避免使用过多的标记和表格，防止语音转化输出系统无法正常识别。如果普通版页面上有多媒体文件（包括影像、图形、影片等）时，需对这些照片、图像、图形、画册加以语音说明和描绘，使视障碍人士同样可以欣赏到这些画面。无障碍语音版最好能支持普通话、英语、粤语、少数民族语言等多种语音版本，全盲用户可以任意选择适合自己的版本。网络上公共信息资源十分丰富，但视障人士搜索信息的难度较大，信息援助时可引入语音检索技术，视障人士只需发出检索命令，即可得到想要的结果。

（4）盲人专用手机及盲用手机 APP

如今智能手机集成了一些功能如录音、拍照、录像、导航等，微门户移动客户端可以集成移动终端本身的功能，在进行公共信息服务时可与地理位置、个人身份等信息绑定，提供精准的智慧型服务。信息援助人员可以为没有电脑或者不懂计算机操作的视障人士准备盲人专用手机（例如，由 Owasys 公司研发的 Owasys22C 智能手机等），这些盲用手机都支持盲文输入法，还具有语音播报功能。未来的智能手机还将增加互联网搜索、将文本转换为语音的功能，能为盲人转播下载在手机中的文档，把文档的内容以语音的形式播报出来。这样残障人士操作手机的障碍将会逐步改善。更为方便的是可以设计一款专用的手机 APP，以供弱势群体用户下载。安装此款手机 APP 的用户可用手机随时随地登录政府网站，定制所需要的公共信息。此款手机 APP 软件需要设计一个用户注册系统，要求用户输入自己的姓名、职业、公共信息需求这样就可以针对他们的身份和要求，采集他们感兴趣的公共信息。如果弱势群体公共信息服务中心的数据库中补充了新信息，可以马上推送到注册用户的手机界面上。此款 APP 同样需要增加无障碍浏览模式的设计，可以将弱势群体公共信息服务中心的数据库中的文本文档迅速转换为语音文件推送到用户手机中，盲人群体只要点击播放键就可以聆听这些推送的政府新闻、政府公报、政府规章、政府文件等，即使他们足不出户，同样可以方便了解时政要闻、政务动态、法律规章、办事流程、教育、住房、就业、医疗保健、社会保障等方面的信息。为了降低手机开销，视障人士可以选择试点推广的爱心卡的信息助残套餐，这个信息助残套餐能帮助残障人士节约通讯费用。

当视障人士不想用电脑上网时也可用盲人电话和专用智能手机语音上网，视障人士发出语音上网指令，可完全依据电话或手机上的语音提示顺利连接到弱势群体公共信息网站。采用语音识别技术识别用户指令，浏览器将指令转变为语音标记语言发给语音服务器。电话连接到公共交换电话网络（Public Switched Telephone Network，PSTN ）再通过语音连接到因特网；手机通过 PLMN（Public Land Mobile Network，公共陆地移动网络）连接到因特网。不过，想通过语音指令上网最好先进行语音训练，保证发音的正确性与标准性。

2. 对听力残障人士的信息援助方案

目前，我国听力残障人士数量已经超过 2000 万人，而且每年新增 2 万～3 万人。听力残疾者存在听力障碍，主要通过视觉获取外界信息。因此，要在物理环境、辅助设备、网络资源等方面都保障听力障碍人士无障碍使用信息，才能为听力障碍人士公共信息获取实现均等化创造有利条件，如图 5.22 所示。

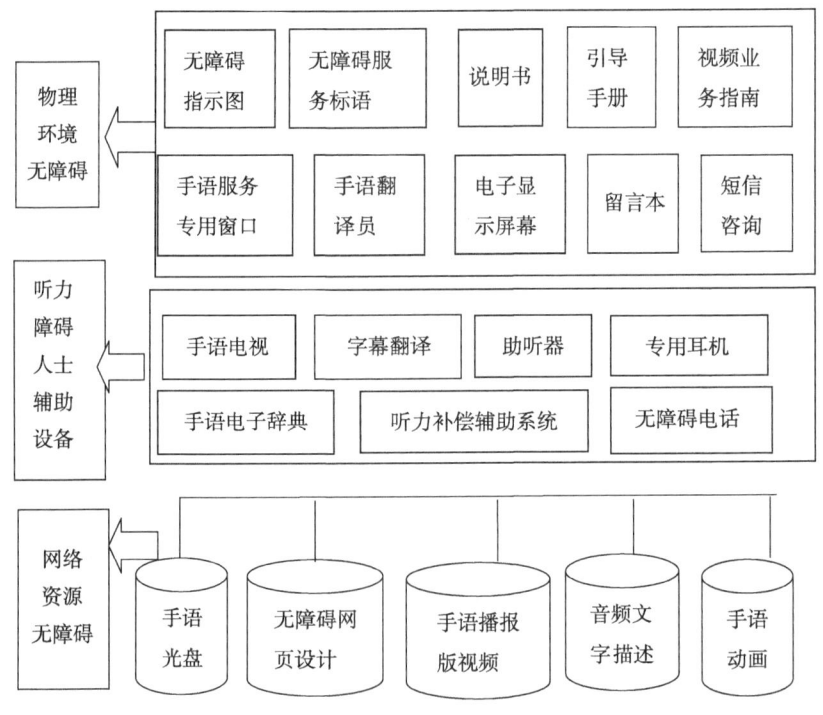

图 5.22　面向听力障碍人士的援助方案

　　信息援助时可将最新的公共信息传递给听力残疾者时，尽量以文字形式呈现，如果有疑问时也尽量通过论坛留言板、电子信箱、即时通信工具、弹出窗口、动态形式的对话框等进行沟通交流。公共信息服务的场所应悬挂形象鲜明的标志、无障碍指示图、无障碍服务标语。残障人士专用的信息服务场所可以为听力障碍者配备手语电视、手语电子辞典等。例如，中国香港中央图书馆就专门为听力障碍者提供带有中英文字幕及手语的光盘❶。如果听力没有完全丧失用户可以用大音量的发音设备，扩大信息来源的音量，方便辨听；或者佩戴助听器、人工耳蜗等助听设备增加接收音量。如果在嘈杂环境中难以辨音，还可以使用听力补偿辅助系统将麦克风信号或其他音频信息输入磁电感应装置，采用音频整流、自动增益技术进行降噪处理后，更清晰地输送给接收者，实现屏蔽噪声、优化收听效果。

　　如果采用呼叫式信息援助方式时，由于聋哑者无法用语言表达，不能用普通的手机、电话交流，公共信息服务场所应该为他们配备专用耳机、无障碍电话等特殊通信工具。公共信息服务场所的问讯处需要配备引导手册、说明书、留言本等，问讯处的信息援助人员最好懂得手语，能够提供手语服务专用窗口的话最理想，这样可以更周到地为听力残障人士服务。如果信息援助人员实在不懂手语的话，可以引入手语识别与合成技术，帮助听力残障人士与信息援助人员顺利交流。手语识别技术能将需要经过专业培训才能掌握的手语，转化为普通人轻松识别的文本或语音。手语识别需要计算机采集手语数据，通过手语翻译模块，依据模式识别算法，并结合背景信息，理解手语含义，进而转化为文本或语音。采用远程式的信息援助时，可以用摄像头

---

❶　郭慧霞. 面向信息弱势群体的图书馆信息无障碍服务研究 [D]. 郑州：郑州大学，2010(5).

实时拍摄、跟踪、采集听力残障人士的手语动作，通过手语翻译模块将手语准确、实时地翻译成文字或语音，传递给信息服务人员，这样缺乏手语训练的信息服务人员也能读懂手语的含义。手语合成技术能将普通人的谈话翻译为听力残障人士专用的手语。手语合成之前要利用数据传感设备（如数据手套）采集手手势、语参数创建手语库，接着利用合成技术合成对应的人体手及手臂的运动数据，最后生成虚拟人手语的动画。信息服务时利用手语合成技术将合成的手语动画画面发送给听力残障人士，这样听力残障人士也能顺利理解信息援助人员的意图。

为听力残障人士服务的公共信息网站应该进行信息无障碍改造升级，并提供相应的专业化服务工具。按照信息无障碍指南和信息无障碍网站内容管理系统等标准设计制作和维护公共信息服务网站。在网站的整体布局方面，为公共信息服务网站的页面添加智能导航功能，对页面信息集中分类从而能快速知晓网站上的主要信息内容，方便听力残障人士更好地体验使用。公共信息服务网站的所有语音、声像影像、FLASH 动画、视频文件、网络电视直播文件、影视作品文件或者多媒体文件都最后要增设同步播放相对应的替代字幕、字幕解说、可理解的提示文字、文字旁白或文字说明，方便听力残障人士可以依据屏幕上的字幕文字理解信息的含义。在网页影像地图中的超级链接也要设置相应的文本的图片链接或文字链接。如果条件允许的话，网站甚至可以利用数字手语制作技术制作语音、声像、影像、视频文件、多媒体文件提供与之配套的手语播报版视频或者手语动画，方便听力残障人士快速理解信息内容。

相对于计算机而言，电话可以算得上是最容易操作的信息工具。有很多机构就依托于电话设备搭建平台，方便残障人士沟通交流。例如，2007 年年底，中国残障人士基金会出资试点，在一些城市搭建残障人士电话中转服务平台，配备专人和设备，提供听力残障人士与听力残障人士、听力残障人士与健全人以及听力残障人士与视力残障人士之间的交流，电话平台的社会反响较好。但是传统的公共信息呼叫中心一般只提供语音服务，这对听力残障人士来说显然不便。所以，面向听力残障人士的公共信息呼叫中心的功能必须更强大，形式必须更多样。弱势群体公共信息呼叫中心除了配备电话语音咨询系统之外，还必须建设听力残障人士短信呼叫、听力残障人士短信咨询和手机邮件咨询系统来进行政府办事流程引导和公共信息解答。听力不好的残障人士可以利用智能手机上的智能手写工具，采用短信、飞信、微信、手机邮件的形式订阅所需的公共信息或者反映自己的意见。听力残障人士可以通过以上形式直接输入想咨询的问题进行信息咨询，信息援助人员信息咨询的结果以适合的形式发送到咨询者的手机中。

3. 对肢体残障人士的信息援助方案

与视力残障人士和听力残障人士相比，肢体残障人士的眼睛、耳朵等主要接受信息器官没有受损，只是肢体损伤，有些行动不便、移动困难。肢体残障人士的信息援助方案要考虑到他们的这些特点，提供人性化的通道设施和信息查阅工具，改造电脑输入设备和网页，为其提供疾病康复、卫生保健、心理资源、就业指导方面的信息服务，如图 5.23 所示。

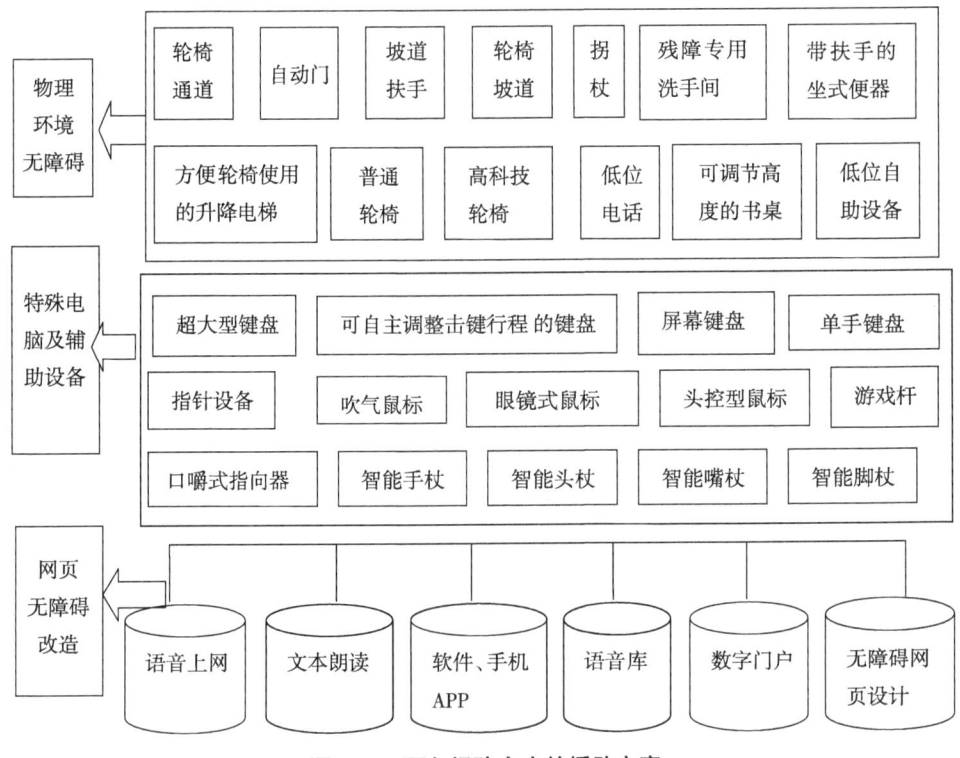

图 5.23　面向视障人士的援助方案

（1）提供人性化的通道设施设计与人性化的信息查阅工具

信息援助时可专门为肢体残障人士修建公共信息服务专用场所或者增添一些专用设备，实现通道设施无障碍、信息查阅工具无障碍，为肢体残障人士创造良好的物理环境。肢体残障人士专用的信息服务场所的通道设施设计要遵循国际康复协会颁布的《建筑物国际最低无障碍设计标准》的相关规定 ❶。例如，在建筑物的入口位置增设方便轮椅使用的坡道并增设坡道扶手，建筑物的大门

❶ 马平瑛. 关于实现无障碍图书馆的思考 [J]. 图书馆工作与研究，2004(5)：24-25.

和电梯入口的宽度均要求超过80cm，建筑物的大门最好采用红外线感应的自动门或者声控自动门窗。如果安装了旋转门，需要另外设置肢体残障人士专用入口，过道和走廊的宽度要求超过130cm。信息服务场所内要设置肢体残障人士专用洗手间，洗手间内要增设有扶手的坐式便器。如果是多层建筑要设置轮椅专用通道，要安装方便轮椅使用的升降电梯。肢体残障人士专用的信息服务场所的信息查阅工具要尽量人性化。书桌高度可以自由调整，与轮椅高度相匹配。如果人手充足的话，在信息援助时对肢体残障等级很高的残障人士最好进行上门服务。

（2）改造电脑输入设备

肢体残障人士可能因为手掌、上肢等某些器官功能遭受损失而不能使用普通计算机。信息援助人员可以对计算机上的各种配件加以改造。例如，为手脚不够灵活的残障人士提供特殊超大型键盘、屏幕键盘、指针设备或者游戏杆等方便肢体残障人士输入数据，避免他们在敲击目标键时触碰其他键，提高打字、击键的准确度。或者在电脑上安装特殊的键盘软件，此类键盘软件可以帮助用户自主调整击键行程，将击键行程按照自己的操作习惯，既可以比一般的击键行程长或者短，也可以帮助用户单手击键。如果肢体残障人士只能用单手操作键盘还可以使用单手键盘，此键盘把传统键盘的设计和布局加以改变以方便一只手打字输入。如果肢体残障人士伤残等级较高时无法使用键盘，信息援助人员需要为他们配备其他的替代装置。例如采用"口嚼式指向器"来操作鼠标，解决高度伤残用户的信息输入、输出问题。另外，还有一种名为"Smart Nav"的头控型鼠标，它主要依靠摄像头和配套的软硬件控制，先在操作人员的眉心中固定一个感应点，电脑上的摄像头持续追踪感应点的位置，并映射到电脑显示器上，这样就实现了鼠标移动的功能。点击鼠标左右键可点击配套的踏板，或者依靠注视点击——当光标停留在某一固定位置超过设置时间，就代表点击鼠标的操作。还可以选择日本研制成功的吹气鼠标。操作人员戴上红外线头套，头套移动时，电脑荧光屏上的感应器便感应到运动轨迹，吹气次数相当于点击鼠标次数，朝左边吹气相当于点击左键，朝右边吹气相当于点击右键。另外，还可以选择眼镜式鼠标，在电脑上方装了一个红外发射器，使用者戴上安装了传感芯片的眼镜，当传感器与红外发射器的信号接触时就能操作电脑。除了传统的键盘、鼠标操作方式之外，肢体残障人士还可以使用各类智能型手杖、头杖、脚杖、嘴仗等。如果有条件还可使用与霍金类似的高科技轮椅，甚至能依靠轮椅发音合成语音、通电话。

（3）网页的无障碍改造

针对肢体残障人士的网页设计也要进行无障碍改造，可以借鉴日本的网页信息无障碍支持工具——贴心广角服务（Zoom Sight）。信息援助人员从专用计算机及辅助产品、辅助上网软件、网站的无障碍化设计等方面提供支持。由于肢体残障人士使用鼠标、键盘的难度较大，因此网站需要将残障人士需要的政府政策信息、救济信息、办事流程（如残疾证办理）信息、治疗康复信息、招聘就业信息、教育培训信息等放在公共信息服务网站的首页，让肢体残障人士不需要进行过多操作就能获得信息和服务。在页面设计时也可以对公共信息服务网站的信息内容分片并编号，每个信息内容区域集中于某一主题的公共信息，并用一个数字符号表示，点击数字键即可实现快捷访问任何一个主题。这种以特定内容为中心的主题组织形式，无须过多地点击网页，比较适合肢体残障人士快捷地从网站中寻找、获取信息，实现信息内容定位的精确化和公共信息服务的人性化。如果肢体残障人士难以操作电脑，也可以采用语音上网技术，用语音指挥上网操作，依靠语音朗读网页文本的内容，用语音控制快捷键执行选中、点击、打开、复制等功能。肢体残障人士也可以利用手机的语音拨号系统连接到公共信息服务网站的人工咨询服务获取相关的信息与服务。

　　总之，为残障人士服务的信息援助人员要求具备专业知识、会熟练操作无障碍设备及软件，熟悉网络上残障人士专用的数字资源。此外，信息援助人员还要懂得一些疾病康复、卫生保健、心理学、教育学方面的知识。信息援助人员全程为残障人士服务，为他们推荐各种图书、期刊、报纸等资料，提供疾病康复、卫生保健、心理资源、就业指导方面的信息服务，教授他们操作信息无障碍设备、指导他们查阅纸本文献、访问网络资源等，及时帮助他们解决困难。如果需要为残障人士开展信息培训的时候，可以借助于 IBM 用 Viascribe 语音识别技术构建的无障碍教学软件，帮他们讲解知识。报刊杂志等传统媒体也可以为残障人士定期开辟专版、专栏、专刊，除了每年的 5 月"全国助残日"和 12 月 3 日"世界残障人士日"做专题报道外，还可以细分为如残障人士就业专版、残障人士体育专栏、残障人士康复专刊等发布信息。信息援助人员定期通过电话、QQ、微信等方式联络残障人士，解读最新的消息，同时尽最大的能力主动提供服务，满足残障人士公共信息需求。如果残障人士无法或者没时间来查阅，可以采用流动式信息援助的方式将送书上门或通过邮局免费投递书籍、杂志、报刊等资料。

　　弱势群体不但需要物质方面的援助，而且迫切需要信息方面的援助。然而，目前学术界对于弱势群体公共信息服务权益的研究及弱势群体信息援助的研究都很薄弱。在弱势群体公共服务方面没有考虑弱势群体的特点，信息服务缺乏针对性、信息援助方式混乱，既无法满足弱势群体的公共信息需求，又造成人力、物力、财力的浪费。因此，弱势群体公共信息服务权益发展研究必须以系统的理论为指导。在理论层面上，本研究积极探索弱势群体的公共信息服务权益保障和发展的相关理论，将公共信息服务的重心放在弱势群体上来，弥补了公共信息服务理论的薄弱环节，有利于公共信息服务理论体系的完善。在政府治理理论层面，探索适合我国国情的弱势群体公共信息服务路径，有利于促进政府信息公开，推进公共信息基础设施建设，可为建立新型公共服务体系提供理论指导，推进服务型政府理论和"善治"理论的创新。另外，本研究提供一种非物质型的援助手段来保障弱势群体的信息权利，推动了社会援助理论的深化。总之，本研究将弱势群体研究与公共信息援助相结合，采用融合的理论视角，有助于实现弱势群体社会援助模式和公共信息服务方式的创新，进而将丰富社会援助和公共服务的理论体系。

参考文献

1. 郑杭生. 中国人民大学中国社会发展研究报告 2002：弱势群体与社会支持 [M]. 北京：中国人民大学出版社，2003：13.

2. 张建彬. 国内信息鸿沟研究述评 [J]. 学习月刊，2010(4)：36-38.

3. 谢倩虹，石德万，朱丽珍. 信息社会中信息弱势群体的信息行为及其援助 [J]. 河南图书馆学刊，2008(10)：54-56.

4. 周吉. 定位于弱势群体的公共图书馆延伸服务 [J]. 图书馆建设，2008(10)：99-101.

5. 李晓瑜. 面向弱势群体的公共图书馆阅读推广服务 [J]. 河南图书馆学刊，2015(12)：28-30

6. 洪伟达，王政. 图书馆弱势群体信息权益保障情况的实证研究 [J]，图书与情报，2014(6)：59-68

7. 牛育芳. 我国公共图书馆弱势群体服务研究 [J]. 图书馆工作与研究，2015(9)：63-66

8. 任铁民. 信息无障碍是残障人士贫困人口等弱势群体的基本发展权 [J]. 现代电信科技，2007(3)：1-3.

9. 汪雷.基层政府公共信息、服务供给机制究 [J].情报理论与实践，2009(12)：20–27.

10. 张建彬.中国乡镇弱势群体公共信息服务研究——基于中国两乡镇的调查分析 [J].图书情报知识，2011(5)：20–27.

11. 周华姣.信息弱势群体的形成原因及解决对策——从信息公平的角度来看 [J].科技文献信息管理，2007(3)：62–64.

12. 赵媛，王远均，杨柳等.基于弱势群体信息获取现状的弱势群体信息获取保障水平和标准研究 [J].情报科学，2016(1)：26–33.

13. 张靖，裴莹权.社会弱势群体公共文化 / 信息服务权利的公民权利范围归属——法律法规与学术研究之比较 [J].图书馆，2015(4)：15–19.

14. 廖利香.弱势群体获取公共信息面临的障碍及对策 [J].农业网络信息，2015(1)：121–123

15. 王素芳.国外公共图书馆弱势群体服务研究述评 [J].中国图书馆学报，2010(3)：95–107.

16. 张玫.广州市公共图书馆为农民工服务研究 [J].图书馆杂志，2007(1)：34–38.

17. 陈若韵.公共图书馆弱势群体服务实效及解决方案 [J].图书馆建设，2008(10)：102–105.

18. 李肖瑞.浅析智能流动图书馆及其弱势群体服务 [J].图书馆工作研究，2015 (3)：65–67.

19. 易红，张冰，梅詹洁.以信息弱势群体为导向的公共图书馆信息无障碍服务探究 [J].图书馆工作与研究，2015(1)：78–82

20. 詹晓阳.基层政府面向信息弱势群体的公共服务研究 [D].武汉：武汉大学，2010.

21. 华凌. 对弱势群体信息援助与支撑的理性思考 [J]. 图书馆理论与实践，2007(3)：51–53.

22. 谢俊贵. 社会信息化过程中的信息分化与信息扶贫 [J]. 情报科学，2003(11)：39–41.

23. 谢倩虹, 石德万, 朱丽珍. 信息社会中信息弱势群体的信息行为及其援助 [J]. 河南图书馆学刊，2008(10)：54 –56.

24. 石德万, 李 军, 贺梅萍. 论信息弱势群体知识援助的职业化 [J]. 图书馆建设，2010(2)：97–100.

25. 张俊玲. 面向"信息弱势群体"的公共图书馆人文关怀 [J]. 图书馆，2007(6)：68 –69.

26. 常文英, 刘冰. 网络环境中信息弱势群体信息援助模式与策略研究 [J]. 情报杂志，2011(5)：152–155.

27. 李富林, 原小玲. 数字环境下高校图书馆对农村居民的信息援助 [J]. 晋图学刊，2011(1)：27–29

28. 陈晓. 公共图书馆为信息弱势群体服务研究 [J]. 图书馆界，2008(2)：44–52.

29. 林辉. 试析图书馆对弱势群体的信息援助 [J]. 现代情报，2008(11)：35–38.

30. 崇敬. 论"信息弱势群体"内涵的变迁所带来的信息咨询服务的变革 [J]. 图书与情报，2003(5)：36–38..

31. 周华姣. 信息弱势群体的形成原因及解决对策—— 从信息公平的角度来看 [J]. 河南图书馆学刊，2007(8)：68–70.

32. 谢俊贵, 周启瑞, 我国信息弱势群体的人口特征分析——基于湖南信息分化调查及相关资料 [J]. 怀化学院学报，2007(4)：9–13.

33. 石德万. 信息技术的发展对信息弱势群体信息行为的影响 [J]. 图书情报工作，2008(11)：75–77.

34. 王素芳. 国外公共图书馆弱势群体服务研究述评 [J]. 中国图书馆学报，2010(3)：97.

35. 徐睿；蒋玲. 关怀弱势群体 发展和谐社会——浅谈图书馆与和谐社会建设 [J]. 内蒙古科技，2006(9)：120–121

36. 肖雪，王子舟. 国外图书馆对弱势群体知识援助的历史与现状 [J]. 图书情报知识，2006(3)：21–29.

37. 代兴安. 农村档案信息资源网络共享研究 [J]. 黑龙江档案，2014(5)：29

38. 朱笛. 公共档案馆为弱势群体服务的思考 [J]. 云南档案 2014(2)：47

39. 邵培仁，张健康. 关于跨越中国数字鸿沟的思考与对策 [J]. 浙江人学学报（人文社会科学版），2003(l)：130.

40. 张俊玲. 面向"信息弱势群体"的公共图书馆人文关怀仁 [J]. 图书馆，2007(6)：69.

41. 2010(5)：197–198.

42. 刘奕君. 我国公共图书馆为农民工服务的现状、问题及解决对策 [J]. 内蒙古科技与经济，2011(3)：133–135

43. 庄玉香，陆丹. 公共图书馆为弱势群体服务刍议 [J]. 图书馆学刊，2004(6)：36 –37.

44. 陈若韵. 公共图书馆弱势群体服务实效及解决方案 [J]. 图书馆建设，2008(10)：104.

45. 陈子健，孙祯祥，张燕. 从网络信息无障碍的角度探讨缩小数字鸿沟 [J]. 情报理论与实践，2009(1)：41–43.

46. 章品，赵媛．美国信息无障碍法律法规研究 [J]．情报理论与实践，2010(5)：117.

47. 邓亚文．弱势群体的信息障碍与图书馆的知识援助 [J]．科技情报开发与经济，2008(12)：5–7.

48. 马平瑛．关于实现无障碍图书馆的思考 [J]．图书馆工作与研究，2004(5)：24–25.

49. 范并思．建设一个信息公平与信息保障的制度 ——— 纪念中国近代图书馆百年 [J]．图书馆，2004(2)：2.

50. 李玉华．媒体排斥：弱势群体的信息贫困［J］．开封教育学院学报，2004(6)：23–24.

51. 刘俊．论对弱势群体的信息歧视［J］．图书馆，2005(2)：26–27.

52. 李玉华．媒体排斥：弱势群体的信息贫困 [J]．开封教育学院学报，2004(2)：23–24.

53. 陈子健，孙祯祥，张燕．从网络信息无障碍的角度探讨缩小数字鸿沟 [J]．情报理论与实践，2009(1)：41–43.

54. 邵培仁，张健康．关于跨越中国数字鸿沟的思考与对策 [J]．浙江人学学报 (人文社会科学版)，2003(l)：130.

55. 白芳，刘燕．对公共图书馆为弱势群体服务的再思考 [J]．农业图书情报学刊，2010(6)：268–270.

56. 杨艳萍．我国弱势群体知识援助的创新机制研究 [J]．现代情报，2012(8)：62–67

57. 王东菊．关于提高我国信息化水平,消除信息贫困的思考 [J]．河北科技图苑，2006(4)：42.

58. 陈子健，孙祯祥，张燕．从网络信息无障碍的角度探讨缩小数字鸿沟 [J]. 情报理论与实践，2009(1)：41 –43.

59. Patricia M Coleman, Whose problem : the public library and the disadvantaged [M]. Assn.of Assistant Librarians, 1981

60. Katz L S. Helping the Difficult Library Patron : New Approaches to Examining and Resolving a Long–Standing and Ongoing Problem [M]. New York : Harworth Press Inc, 2002 : 57.

61. Venturella Karen M. Poor People and Library Services [M]. McFarland : McFarland & Co Inc, 1999 : 109.

62. Lex Frieden, Chairperson. National Council on Disability Cultural Diversity Initiative, Outreach and People with Disabilities from Diverse Cultures [J]. A Review of the Literature, 2003(11) : 20

63. Gitterman, AShulman L. Mutual Groups, Vulnerable Populations and the Life Cycle (Second Edition) [M]. New York : Columbia University press, 1994 : 5–6.

64. Kuhlthau, Carol C. Inside the Search Process : Information Seeking from the User s Perspective [J]. Journal of the American Society for Information Science, 1991, 42 (5) : 361–371.

65. Atkin C K. Instrumental utilities and information seeking, New models for mass communication research [M]. Oxford, England : Sage, 1973

66. Hair Joseph F, Rolph E Anderson, Ronald L. Tatham Multivariate Data Analysis, 5th edition. Upper Saddle River [M]. NY : Prentice Hall. 1998.

67. Taylor, R. Information use environments [J]. Progress in Communication Science, 1991(10) : 217–251.

68. Bouazza A. Information user studies [J]. Encyclopedia of Library and Information Science, 1989(9) : 144–164.

69. Krikelas J. Information –seeking behavior : Patterns and concepts [J]. Journal of Documentation, 1983(2) : 5–20.

70. Davenport T. Information ecology [M].Oxford : Oxford University Press, 1997 : 83–84.

71. Diane H. Sonnenwald. Evolving Perspectives of Human Information Behavior : Contexts, Situations, Social Networks and Information Horizons. In Wilson, T. & Allen, D. (Eds.). Exploring the Contexts of Information Behaviour [M]. London : Taylor Graham, 1999 : 176–190.

72. Wilson T D. Human Information Behavior [J]. Information Science, 2000(2) : 49–55.

73. Spink A Cole, C. Everyday life information seeking research [J]. Library and Information Science Research, 2001(4) : 301.

74. Krikelas J. Information seeking behavior : patterns and concepts [J]. Drexel Library Quarterly, 1983(2) : 5–20.

75. Bouazza A. Information User Studies [M]. In Allen Kent, Encyclopedia of Library and Information Studies, New York : Marcel Dekker, 1989 : 323.

76. Wilson T D. Human Information Behaviour [J]. Journal of Informing Science, 2000(2) : 49–56.

77. Chatman E A. The inpoverished life–world of outsiders [J]. JASIS, 1998(3) : 193–206.

78. Taylor R S. Information use environments [J]. Progress in communication sciences, 1991(10)：217–255.

79. Margaret O. Momodu. Information needs and information seeking behavior of rural dwellers in Nigeria：a case study of Ekpoma in Esan West local government area of Edo State. Nigeria [J]. Library Review, 2002(8)：406–410.

80. Rieh S Y. Judgment of information quality and cognitive authority in the Web [J]. Journal of the American Society for Information Science & Technology, 2002(2)：145–161

81. Wilson T D. Human information Behavior [J]. Informing Science, 2000(2)：49–55.

82. Chatman E A. Life in a small world：Applicability of gratification theory to information-seeking behavior [J]. Journal of the American Society for Information Science, 1991(6)：439–449.

83. Chatman E A. A theory life in the round [J]. Journal of the American Society for Information Science, 1999(3)：207–217.

84. Stephenson G R. Cultural acquisition of a specific learned response among rhesus monkeys [M]. Stuttgart：Fischer, 1967：279–288.

85. Atkin C K. Instrumental utilities and information seeking. New models for mass communication research [M]. Oxford, England：Sage Publications, 1973：205–242.

86. Cutrona C E, Russell D W. Type of social support and specific stress：Toward a theory of optimal matching [M].New York：John Wiley & sons, 1990

87. Yu W, Kuber R, Murphy Eetal. A novel multimodal interface for improving visually impaired people's web accessibility [J].Virtual Reality, 2006(9)：133–148.

88. Rakewon daChef. E-Government for the New Millennium[J]. political communication, 2007(10)：14.

89. Moahi K., Monau R. Library and information needs of disabled persons in Botswana [J]. African Journal of Library, Archives and Information Science, 1993(2)：125–132.

90. Ward M A, Mitchell S. A comparison of the strategic priorities of public and private sector information resource management executives [J]. Government Information Quarterly, 2004(2)：284–304.

91. Jack Gido, James P. Chements. Successful Project Management [M]. Ohio：South–Western College Pub, 2002：188.

92. Emile G Bruneau, Rebecca Sax. The power of being heard：Group with less power benefits more from sharing its perspective [J]. Journal of Experimental Social Psychology, 2012(2)：855–866.

93. Csikszentmihalyi M. Beyond boredom and anxiety [M]. San Francisca：Jossey–Bass, 1975：36.

94. Taylor R S. Information use environments [J]. Progress in Communication Sciences, 1991(10)：219–222.

95. Kimmo Tuominen, Reijo Savolainen. A Social Constructionist Approach to the Study of Information Use as Discursive action [C]. Finland.1997：81–96.

96. Hjrland B. Information seeking behavior : what should a general theory look like? [J]. The new review of information behavior research, 2000(1) : 19–33.

97. Bandura A. Social learning theory [M]. Englewood Cliffs, NJ : Prentice–Hall, 1977

98. Judith Rich Harris. Socialization, Personality Development, and the Child's Environments : Comment on Vandell [J]. Developmental Psychology. 2000(6) : 11–23

99. Bovens M. Information rights : citizenship in the information society [J]. Journal of Political Philosophy, 2002(3) : 317 –341.

100. Schauer E. Free Speech : A Philosophical Enquiry [M]. London : Cambridge University Press, 1982.

101. Norman S Marsh. Public Access to Government-held Information : A Comparative Symposium [M]. London : Stevens & Son LTD, 1987 : 4.

102. Manfred Berg, Martin H Geyer. Two Cultures of Rights : the quest for inclusion and participation in modern American and Germany [M]. Cambridge : Cambridge University Press, 2002 : 208.

103. Chatman E A. Alienation theory : application of a conceptual framework to a study of information among janitors [J]. Reference Quarterly, 1990(1) : 157–179.

104. William Wresch. Disconnected : Haves and Have–Nots in the Information Age [M]. NJ : Rutgers University Press, 1996

105. Yu W, Kuber R, Murphy Eetal. A novel multimodal interface for improving visually impaired people's web accessibility [J]. Virtual Reality, 2006(9) : 133–148.

106. National Council on disability. Closing the gap : a ten point strategy for the next decade of disability civil rights enforcement [R]. Community Input Draft, 2000(8) : 1–12.

107. Willis M R. Dealing with difficult people in the library [M]. Chicago : America Library Assn, 1999 : 3.

108. Van Deursen J A M, Van Dijk J A G M. Improving digital skills for the use of online public information and services [J]. Government information Quarterly, 2009(2) : 333–340.